Sie glauben, Bescheid zu wissen?
Die wahre Geschichte

Die besten Episoden
aus der bekannten Sendereihe
von Klassik Radio

BLOOMSBURY BERLIN

Die Autorinnen und ihre Texte (Nr.)
Regina Conradt: 1, 3, 7, 9, 13–15, 19, 20, 22, 28, 29, 31, 33, 35, 37–39, 42, 43, 45–47, 50, 51, 53–55, 57

Sigi Boguschewsky-Kube: 2, 4–6, 8, 10–12, 16–18, 21, 23–27, 30, 32, 34, 36, 40, 41, 44, 48, 49, 52, 56, 58

© 2005 Berlin Verlag GmbH, Berlin
BLOOMSBURY BERLIN
Alle Rechte vorbehalten
Umschlaggestaltung:
Nina Rothfos und Patrick Gabler, Hamburg
Gesetzt aus der Stempel Garamond
Typografie & Satz: Leslie Driesener, Berlin
Druck und Bindung: Clausen & Bosse, Leck
Printed in Germany
ISBN 3-8270-0592-2

1.
Jeder hat eine Schwachstelle

Eines haben die Götter der Antike selbst den von ihnen besonders protegierten Helden immer voraus: die Unsterblichkeit. Doch in den griechischen Sagen sowie im germanischen Nibelungenlied werden verschiedene Schutzmechanismen erwähnt, durch die einige Sterbliche einen hohen Grad an Unverwundbarkeit erreichten. Bei den Nibelungen war es das Drachenblut, in dem Jung Siegfried badete und eine Art Hornhaut bekam, die ihn weitgehend schützte. Aber da gab es dummerweise diese Stelle zwischen den Schultern, an der das Lindenblatt geklebt hatte! Natürlich versuchten Siegfried wie auch die Heroen verschiedener anderer Kulturen, den Punkt geheim zu halten, an dem sie verletzlich waren, um dadurch ihr irdisches Schicksal abzuwenden. Doch meistens gab es irgendjemanden, der von der jeweiligen Schwachstelle wusste und das Geheimnis zu gegebener Zeit verriet. Schließlich wollten die Götter ja unter sich bleiben! Eine Schrift aus der Zeit um Christi Geburt erzählt vom Tod eines griechischen

Superhelden, der von einer Frau namens Polyxenia verraten wurde, die er über alles begehrte. Sie gehörte zum hochwohlgeborenen Clan seiner Erzfeinde, und er versprach ihr, die schon lange andauernde Belagerung ihrer Stadt aufzugeben, wenn sie sich mit ihm vermählte. Die Königstochter erklärte sich zur Hochzeit bereit, nachdem der Held eingewilligt hatte, barfuß und unbewaffnet im Tempel zu erscheinen. Dass er ihr bei seinem Liebeswerben vertrauensvoll seine Familiengeschichte offenbart hatte, wurde ihm nun zum Verhängnis. Seine Mutter, die eine Göttin war, hatte ihm nämlich erzählt, sie habe ihn, um ihn ebenfalls unsterblich zu machen, als Knaben in den Styx – den Fluss zur Unterwelt – getaucht. Da sie ihn dabei irgendwo halten musste, war eine kleine Stelle vom Flusswasser nicht benetzt worden, und ebenda war sein schwacher Punkt. Genau dorthin lenkte der rachsüchtige Apoll in Gestalt des Paris, des Bruders der Königstochter Polyxenia, beim Rendezvous im Tempel seinen tödlichen Giftpfeil.

Und noch heute bezeichnet man einen »Angriffspunkt« – also die empfindliche Schwachstelle eines Menschen oder einer Sache – nach dem Körperteil, an dem die Meeresgöttin Thetis ihren Sohn Achilles gehalten und dadurch verwundbar gemacht hatte, als »Achillesferse«.

2.
Der Herr der Wörter

Entnervt legte Konrad das Buch, das er gerade lesen wollte, zur Seite. Die jeweiligen hausgemachten Darstellungsweisen der einzelnen Verlage konnte der Gymnasiallehrer nicht mehr ertragen. 1871 hatte die nationale Einheitsbewegung zur deutschen Reichsgründung geführt, aber im Bildungsbereich herrschte nach wie vor ein heilloses Wirrwarr. Jeder hatte sein eigenes System. Und zwar nicht nur von Land zu Land, von Druckerei zu Druckerei, von Zeitung zu Zeitung, sondern sogar von Schule zu Schule. Wenigstens innerhalb einer Schule solle man gleiche Regeln anwenden, forderte ein Erlass von 1862. Wie wunderbar war dieses Problem in Frankreich oder Italien gelöst, dachte Konrad, reichte dort doch eine einheitliche Tradition von Wissenschaft und Lehre kontinuierlich bis in die Renaissance zurück. Der Sohn aus gutem Haus hatte nach dem Geschichts- und Philologie-Studium als Erzieher in Genua gearbeitet und sollte nun die Leitung der Klosterschule in Bad Hersfeld übernehmen. Alles sah nach einer ganz normalen, erfolgreichen Schulmeisterlaufbahn aus. Doch unversehens geriet Konrad mit dem Reichskanzler Bismarck höchstpersönlich in Konflikt. Konrad wollte nach italienischem und französischem Vorbild endlich auch in ganz Deutschland verbindliche Regeln einführen. Er organisierte Konferenzen, in denen Möglichkeiten einer größeren Vereinheitlichung diskutiert wurden, aber eine Beschlussfassung scheiterte am Veto des Reichskanzlers. Dennoch erschien 1880 Konrads erstes, an preußische Usancen angelehntes und 186 Seiten umfassendes Regelbuch. Umgehend untersagte der Eiserne Kanzler »bei gesteigerter Ordnungsstrafe« die Anwendung von Konrads Regelwerk in den Behörden. Aber selbst mit solchen Drohungen war der Siegeszug von Konrads Werk nicht mehr aufzuhalten. Es ist heute das Standardwerk und gilt im gesamten deutschsprachigen Raum als verbindlich.

Das Orthographische Wörterbuch der deutschen Sprache ist seit 1880 bis zur jüngsten, heftig umstrittenen Reform untrennbar mit der Vereinheitlichung der deutschen Rechtschreibung verbunden und heißt nach seinem Begründer Konrad Duden kurz: der Duden.

3.
Mondsüchtig

Das oberitalienische Städtchen Montebelluna, etwa auf halbem Weg zwischen Bassano del Grappa und Treviso, hat sich in den letzten gut dreißig Jahren auf eine kaum vorstellbare Weise verändert. Jahrhundertelang hatten sich die Menschen dort mehr schlecht als recht von der Landwirtschaft ernährt. Im Winter nutzten die Bauern und Landarbeiter die freie Zeit, um ihr eigenes Schuhwerk herzustellen. In den kargen Jahren zwischen den beiden Weltkriegen begannen sie, ihre derben, handgearbeiteten Stiefel auch zum Verkauf anzubieten. Sie bekamen einen Großauftrag des Militärs und fertigten einige Jahre lang die groben Bergstiefel für die Bersaglieri – die italienischen Gebirgsjäger. Doch nach dem Krieg war dafür kein Bedarf mehr. Einige Montebelluner der jüngeren Generation versuchten trotzdem weiter ihr Glück mit der gewerbsmäßigen Schuhfabrikation, und einer der neuen Schuhproduzenten, ein gewisser Oreste Zanatta, stellte schon seit 1960 unter dem Markennamen »Tecnica solide« moderne Arbeitsschuhe her. Aber erst das Jahr 1969 brachte den großen Durchbruch. Ein weltbewegendes Ereignis, das sich am 20. Juli weit weg von Montebelluna abspielte, sollte zum Auslöser für die erfolgreiche neue Sportschuhindustrie des Städtchens werden. Seitdem werden hier in großem Stil Sportstiefel aus Kunststoff hergestellt, inzwischen auch die jeweils gefragtesten Ski-, Après-Ski-, Outdoor- und Sportschuhe, Inlineskates und vieles andere. Das alles begann mit der Landung der amerikanischen Astronauten auf dem Mond oder vielmehr damit, dass ein junger Mann, der erst seit kurzem im väterlichen Betrieb arbeitete, ganz genau hingeschaut hatte, als die ersten Schritte auf dem neu eroberten Erdtrabanten gemacht wurden. Dabei hatte er eine Eingebung, die er dann so kongenial umsetzte, dass sie weltweit für Furore sorgte. Es waren nämlich keineswegs die Amerikaner, die einen ganz speziellen Teil ihrer Raumfahrtausrüstung modisch vermarkteten, sondern vielmehr Giancarlo Zanatta, der Sohn des Herstellers der Tecnica-Arbeitsschuhe, der die ultimativen Winterstiefel erfand und patentieren ließ.

Die etwas plump wirkenden, aber extrem leichten, nachgemachten Astronautenstiefel sollten Groß und Klein entzücken: die legendären Moonboots.

4.
Eine Leiche für falsche Federn

Im Jahr 1900 erhielt Fletcher Robinson in seinem Haus »Park Hill« in Ipplepen Besuch von Artie. Die beiden Männer hatten sich in einem Londoner Club kennen gelernt und ihre gemeinsame Liebe zur Grafschaft Devon entdeckt, wo Artie früher als Arzt gearbeitet hatte. Die urwüchsige Landschaft mit ihren Mooren und Nebeln rund um Ipplepen war Schauplatz vieler Gespenstergeschichten. Und da Fletcher gerade einen Krimi über unheimliche Vorgänge in Dartmoor geschrieben hatte, diskutierten die beiden Männer das Manuskript. Doch Artie war nicht nur ein Freund des Hausherrn, sondern auch der heimliche Geliebte von dessen Gattin Gladys. Zehn Jahre nach dem Treffen von Artie und Fletcher erschien in der englischen Zeitschrift *The Strand* ein Krimi über unheimliche Vorgänge in Dartmoor. Autor der Geschichte war aber nicht Fletcher, sondern Artie. In einer winzigen Fußnote dankte Artie immerhin seinem »Freund Fletcher Robinson«, der einige Jahre zuvor völlig überraschend im Alter von 37 Jahren verstorben war. Heute, gut hundert Jahre nach dem mysteriösen Tod von Fletcher Robinson, beschäftigt dieser Fall Scotland Yard. Bei Recherchen zu Fletchers Tod sind nämlich Briefe, Testamente, ein Totenschein und Indizien aufgetaucht, die vermuten lassen, dass Artie und Gladys gemeinsam Fletcher vergiftet haben. Und das Motiv? Vielleicht wollte Artie Fletchers Gattin ganz für sich alleine haben – ohne Scheidungsskandal. Vielleicht ging es aber gar nicht um Liebe, sondern um Geld. Es ist nicht auszuschließen, dass Artie auf diese Weise Plagiatsbeschuldigungen vorbeugen wollte. Denn nach bisherigem Stand der Ermittlungen kann als sicher gelten, dass der Urheber des in *The Strand* erschienenen Romans gar nicht Artie, sondern Fletcher war. Im Jahr 1902, als Artie in den Adelsstand erhoben wurde, gab es bereits einen Hinweis darauf, dass der Geehrte ein Betrüger sei, was natürlich niemand glauben wollte.

Denn der Mann, gegen den Scotland Yard über sechzig Jahre nach seinem Tod wegen Mord an dem wahren Verfasser des Romans Der Hund von Baskerville ermittelt, ist kein anderer als der Erfinder von Sherlock Holmes – Sir Arthur Conan Doyle.

5.
Ein wahrer Synergieeffekt

Während die griechischen Götter sich auf dem Olymp sonnten, mussten sich die Gottheiten im Norden etwas Bewegung verschaffen, um nicht zu frieren. Die Wanengöttin Skadi verließ sogar ihren Gemahl Niord, um mit dem Gott des Winters, Ase Ullr, die nordische Seenwelt auf Schlittschuhen zu durchstreifen. Später spielte der Eislauf auch bei den norwegischen Königen eine große Rolle, wie wir aus der *Heimskringela* wissen. Die aus dem 13. Jahrhundert stammende *Njalsage* beispielsweise berichtet von einem Zweikampf des Njal-Sohnes Skarphedin mit Thrain, der auf dem Eis stattfand. Anders als sein Gegner bewegte sich Skarphedin auf Schlittschuhen und trug dank seiner größeren Schnelligkeit den Sieg davon. Auch wenn durchaus Zweifel an der historischen Zuverlässigkeit von derlei Geschichten und Sagen angebracht sind, lassen sich die Anfänge des Eislaufens durch Funde prähistorischer Schlittschuhe bis in die Jungsteinzeit zurückverfolgen. Die Geräte bestanden ursprünglich aus präparierten Tierknochen. In der Regel wurden die Unterbeinknochen von Rind, Pferd oder Rentier gespalten und flach geschliffen. Diese ersten Schlittschuhe befestigte man mit Lederriemen am Fuß, und weil sie noch keine Kanten hatten, musste man sich mit Hilfe eines Speers oder mit Stöcken abstoßen. Insbesondere in wasserreichen Gegenden waren Schlittschuhe aus Knochen ein wichtiges Fortbewegungsmittel, weshalb man in Gebieten mit Pfahlbauten etliche von ihnen ausgegraben hat. Der älteste derartige Fund wird auf 4000 Jahre geschätzt und stammt aus der Schweiz. In Deutschland stieß man 1897 bei Ausgrabungen auf dem Stresow in Berlin-Spandau auf tausend Jahre alte aus Schweinefußknochen gefertigte Schlittschuhe. »Schreiten auf Eisknochen – Skrida a isleggjum« hieß im Nordgermanischen diese Art der Fortbewegung. Sonderbarerweise erinnert ausgerechnet eine kulinarische Spezialität noch heute an diese germanische Bezeichnung für die Vorform des Schlittschuhs.

Das gepökelte und gekochte »isleggjum« ist nichts anderes als das von vielen geliebte Eisbein.

6.
Wanderer zwischen den Welten

Nicht nur Five o'Clock Tea ist typisch für die Briten, sondern auch Linksverkehr, Meilen, Inches und die Queen. Eine ganz besondere britische Eigenheit ist das »Festival of Samhain«, mit dem im alten Britannien und in Irland seit dem fünften vorchristlichen Jahrhundert das Ende des Sommers und gleichzeitig der letzte Tag des alten Jahres begangen wird. Es ist die Zeit, in der die Seelen der Menschen, die während des vergangenen Jahres gestorben sind, zurückkehren, um in einen neuen, lebenden Körper zu schlüpfen. Natürlich will keiner der Lebenden eine fremde Seele haben, und um sich vor der feindlichen Übernahme zu schützen, sorgt jeder dafür, dass er besonders hässlich aussieht. Es ist also einiges los Ende Oktober, wenn alle in Fetzen und Lumpen gekleidet lärmend durch die Straßen ziehen. Doch nicht nur körperlose Seelen schwirren durch die Nacht, sondern auch Hexen mit spitzem Hut auf ihrem Besenstil – und ein gewisser Jack. Zu seinen Lebzeiten war Jack ein notorischer Säufer und Betrüger. Eines Tages brachte er den Teufel dazu, auf einen Baum zu steigen, um ihm dann durch ein in die Baumrinde geritztes Kreuz den Rückweg zu versperren. Erst nachdem der Teufel versprochen hatte, ihn nie mehr in Versuchung zu führen, gab Jack den Weg wieder frei. Der Pakt mit dem Teufel zahlte sich freilich nicht aus, denn als Jack nach seinem Tod am Höllentor anklopfte, wollte der Teufel ihn nicht haben. Seither irrt Jack mit einem beleuchteten Gefäß in der Hand durch die unendliche Dunkelheit, erscheint jedoch einmal im Jahr auch wieder auf der Erdoberfläche. Als um das Jahr 1845 viele Iren wegen der großen Hungersnot nach Amerika auswanderten, hatten sie nicht viel mehr als den uralten Brauch des Samhainfestes im Gepäck, und bis heute ist der 31. Oktober in Amerika ein besonderer Tag.

Inzwischen ist das alte keltische Fest christianisiert worden, und so erscheinen die Gespenster, die Hexen und auch Jack mit seinem beleuchteten Kürbis am Tag vor Allerheiligen, dem »All Hollows Day«, kurz: Halloween.

1.
VATERLOS

Wie schwierig es für Mädchen ist, ohne Vater aufzuwachsen, spiegelt sich in vielen Frauenbiografien des vergangenen Jahrhunderts wider. Besonders in den USA kam es nicht selten vor, dass die jungen Väter die Mütter aus Abenteuerlust oder aus Unlust am kleinbürgerlichen Familienleben sitzen ließen. Dass Väter manchmal darunter litten, ihre Kinder nicht ein einziges Mal zu Gesicht bekommen zu haben, soll hin und wieder ebenfalls vorgekommen sein. Zumindest ging es Edward Mortenson so, einem in Norwegen geborenen jungen Mann, der 1923 in die USA einwanderte. Er war gelernter Bäcker und konnte sich damit im Land der unbegrenzten Möglichkeiten seinen Unterhalt verdienen. Allerdings war er einer von denen, die es nirgendwo lange hielt, und so ließ er im Laufe der Jahre quer durch die Vereinigten Staaten eine traurige Kette gebrochener Herzen zurück. Ed war ein schmucker blonder Kerl, liebte schnelle Motorräder, hübsche Frauen – und seine Freiheit. Gladys lernte Ed kennen, kurz nachdem ihr erster Mann sie verlassen hatte. Zuerst wollte sie sich nicht mit Ed einlassen, denn man sah ihm den Don Juan schon von weitem an. Aber er gefiel ihr einfach zu gut. Und auch er verliebte sich in sie – so sehr, dass er ihr sein ganzes unstetes Leben beichtete. Das ließ Gladys hoffen. Als sie ihm jedoch bald darauf sagte, sie erwarte ein Kind von ihm, machte er auf der Stelle kehrt, schwang sich auf sein Motorrad und ward nicht mehr gesehen. Eine Zeit lang jobte er hier und da, liebte die eine oder andere Frau und verließ sie wieder. Irgendwann aber kam es ihm feige vor, sich immer seiner Verantwortung zu entziehen. Schließlich gab es irgendwo ein dreijähriges Kind von ihm, das er noch nie gesehen hatte. Am 18. Juni 1929 stieg er auf sein Motorrad und fuhr los. Zwischen Youngstown und Akron, Ohio, stieß er frontal mit einem Auto zusammen und starb noch am selben Tag. Seine kleine Tochter hat ihn also nie kennen gelernt, und doch trug er dazu bei, dass auch sie eine Getriebene wurde, eine Unglückliche, die – wie er – zahllose gebrochene Herzen zurückließ, als sie 1962 aus dem Leben schied.

Denn Ed Mortenson, der blonde Herzensbrecher aus Norwegen, war kein anderer als der Vater von Marilyn Monroe, der Ikone des Sexappeals.

8.
Die Heilkraft der Pyramiden

Schon im ersten Jahrhundert nach Christus hatte der griechische Arzt Dioskurides in seiner *Materia medica* Bitumen zur Behandlung von Wunden empfohlen, ein Kohlenwasserstoffprodukt, das im Volksmund auch »schwarzes Erdpech« hieß. Dieser Verwendung sollte man sich dann im Europa der frühen Neuzeit wieder entsinnen. »Schwarzes Erdpech« war als Medizin bis ins 18. Jahrhundert sehr beliebt. Im Barock führte jede Apotheke, die etwas auf sich hielt, das geschätzte Heilmittel, und auch der französische König Franz I. hatte stets einen Beutel dieses Pulvers bei sich, um gegen Verletzungen gerüstet zu sein. Natürliches Bitumen ist jedoch selten und war daher äußerst wertvoll, zumal die Nachfrage das Angebot bei weitem überstieg. Im 12. Jahrhundert aber fand der arabische Arzt Abd al-Latif eine neue Quelle zur Gewinnung der harzähnlichen Substanz. Zuerst entnahm man das Heilmittel dem Inneren bestimmter Körper. Als dies immer noch nicht ausreichte, ging man dazu über, einfach die ganzen

Körper zu zermahlen. War das echte Ausgangsprodukt nicht zur Hand, nahm man eben Fälschungen. In den dunklen Gassen der Basare gab es geschäftstüchtige Leute, die wussten, wie man etwas in alte orientalische Schätze verwandelte. Doch nicht alle befürworteten diesen Handel. Aus Aberglauben versuchten Türken und Araber immer wieder, die Ausfuhr des fraglichen Produkts zu unterbinden – sie wollten nicht, dass Christen davon kosteten. Ob das Medikament jemals eine heilende Wirkung gezeigt hat, ist oft bezweifelt worden. Dennoch führte etwa das Pharmaunternehmen Merck in Darmstadt bis zum Jahr 1924 eine solche Arznei in seinen Preislisten. Sie kostete stolze zwölf Goldmark pro Kilo! Immerhin war der Abbau von natürlichen Bitumenvorkommen sehr kostspielig, und die alternativen Quellen für die Gewinnung des »schwarzen Erdpechs« waren inzwischen fast völlig versiegt.

Was keiner der Patienten ahnte: Die rätselhafte, seit Jahrhunderten gepriesene Wundermedizin bestand aus nichts anderem als einem Pulver, gewonnen aus gemahlenen ägyptischen Mumien.

9.
Uralter Schwede

Es gibt da ein Ding, das heutzutage in aller Munde ist, obwohl man es überhaupt nicht essen kann, selbst wenn man seiner habhaft wird. Im Grunde kann man es nicht mal anfassen, und auch wenn man es könnte, würde man damit nur einen symbolischen, aber keinesfalls einen garantierten Wert in der Hand halten. Früher – wann immer dieses »früher« auch gewesen sein mag – hatte man zumindest noch die Möglichkeit, den gedruckten Beweis seines symbolischen Besitzes zu erhalten. Da gab es nämlich entsprechende, grafisch sehr sorgfältig gestaltete Urkunden, die den Besitzern als Legitimation ausgestellt wurden und die man kaufen konnte – mal für viel Geld, mal für weniger. Von Georg Friedrich Händel weiß man, dass er ein auf ziemlich großem Fuß lebendes Genie war, im Übermaß Speise und Trank zu sich nahm, ein streitsüchtiger Charakter war und noch dazu ein Workaholic. Er versuchte schon Anfang des 18. Jahrhunderts sein Lebensrisiko dadurch zu minimieren, dass er sich für schlechte

Zeiten jene Urkunden zulegte, wann immer er Geld hatte. Aber: Wie gewonnen, so zerronnen – so lautet wohl seit jeher die Grundregel in diesem Metier, ungeachtet der sehr strengen geschäftlichen Regeln. Allerdings gelten Letztere erst in jüngerer Zeit auf internationaler Ebene, während jene Urkunde schon vor Hunderten von Jahren erfunden wurde. Laut dem *Guinness-Buch der Rekorde* gab die schwedische Unternehmensgruppe Stora Kopparberg schon im 13. Jahrhundert derartige, in mittelalterlichem Latein abgefasste Dokumente heraus, um so mit königlichem Siegel beglaubigte Anteile an ihrem Bergbaubetrieb »Großer Kupferberg« wenn auch nicht dem gemeinen Volk, so doch immerhin kirchlichen und sonstigen Würdenträgern zu übertragen. Eine solche Urkunde bestätigte jedenfalls dem Bischof Peter Elefsson am 16. Juni 1288 nachweislich den Erwerb von einem Achtel-Anteil an »Stora Kopparberg«.

Was dem Bischof bei dem Wachstum, das der Kupferbergbau damals erlebte, eine gute Dividende sicherte, war demnach eine verbriefte Bestätigung vom – wie es heute heißt – »Mitbesitz eines Anteilsbetrages am Grundkapital einer Gesellschaft« – und damit die erste Aktie.

10.
Die Sterne des Kellermeisters

»Faux délicats«, falsche Feinschmecker, nannte Seigneur de Saint-Évremond, ein anerkannter Meister des guten Geschmacks, die Engländer, weil sie die wunderbaren französischen Weine aus Ay und Hautvillers erst dann tranken, nachdem diese sich durch eine rätselhafte Metamorphose verändert hatten. Zum Glück sei man in Frankreich von dieser Geschmacksverirrung nicht betroffen, äußerte er sich einem Freund gegenüber. Seine Einschätzung sollte sich schon bald als falsch erweisen. Etwa zur selben Zeit war es nämlich im Benediktinerkloster in Hautvillers dem Kellermeister Pierre durch Mischung der Trauben aus verschiedenen Böden gelungen, einen erlesenen Tropfen von immer gleich bleibender Qualität herzustellen. Durch die Lage Hautvillers im Norden Frankreichs hatte dieser allerdings hin und wieder eine unangenehme Eigenschaft. Wenn die Winterkälte besonders früh einsetzte, wurde die erste Gärung unterbrochen, so dass, angeregt durch den natürlichen Zuckergehalt dieser Traubensorte, im

Frühjahr eine zweite Gärung begann. Regelmäßig platzten die Flaschen, und Bruder Pierre war über das »Teufelszeug« erbost. Er sann auf Abhilfe, damit der Geist in der Flasche blieb. Zwei Jahre experimentierte der Kellermeister, ehe er endlich eine Lösung fand. Er füllte den Wein in Flaschen aus dickem Glas und ersetzte den bisher üblichen Hanfpfropfen durch einen trichterförmigen Naturkorken, den er mit einer Schnur befestigte. Die Flaschen lagerte er im Keller des Klosters. Hin und wieder stieg er hinab, drehte und rüttelte die Flaschen, um nachzusehen, was mit dem Inhalt passierte. Schließlich war es so weit, und er entkorkte eine Flasche. »Kommt schnell, ich trinke Sterne«, rief er seinen Brüdern zu, und die herbeieilenden Mönche des Klosters bewunderten den bernsteinfarbenen Wein, der im Glas perlte und sprudelte.

Unter dem Namen seines Erfinders, des Dom Pierre Pérignon, ist das prickelnde Luxusgetränk weltberühmt geworden: der Champagner.

11.
SCHEINHEILIGKEIT

Rom im Jahr 855 n. Chr. Die Macht der Kirche breitet sich unaufhaltsam aus, und an der Spitze dieser Macht sitzt Johannes, ein Papst, wie er im Buche steht. Gebildet und gelehrt in allen Kirchendingen, glänzt er machtvoll in seinem Amt. Bis er eines Tages während einer Prozession auf der Via Sacra zusammenbricht. Stöhnend hält sich der Pontifex den Leib, und während er von Krämpfen geschüttelt wird, geschieht das Unvorstellbare: Der Papst gebärt ein Kind – Johannes ist eine Frau. Zwar findet Papst Johannes in zeitgenössischen Dokumenten keine Erwähnung, doch war seine Existenz bis zum 15. Jahrhundert als historisches Faktum allgemein akzeptiert. Johanna stammte wahrscheinlich aus der Nähe von Mainz, und sie schaffte es mit Energie, Eifer und Ehrgeiz, genauso viel zu verstehen und zu wissen wie die gebildetsten Männer ihrer Zeit. Auf dem Höhepunkt ihrer Karriere erklomm sie den Stuhl Petri. Ihre geistige und geistliche Macht wurde erst durch die Geburt ihres Kindes jäh beendet. Es ist nicht sicher, ob Johanna bei der Geburt starb oder von der Menge gelyncht wurde. In Vergessenheit geriet sie jedenfalls nicht. Auf der Konstanzer Synode von 1435 führte sie der tschechische Reformer Jan Hus als Hauptzeugin in den Kontroversen über die Unfehlbarkeit der Päpste ins Feld. Und den Reformatoren war die Lebensgeschichte der gelehrten Frau ein willkommenes Argument im Kampf gegen die zentrale Obrigkeit. Außerdem gab es nach dem Tod Johannas im Vatikan für einige Zeit einen sonderbaren Brauch. Kandidaten für das Papstamt mussten sich ohne Unterwäsche auf einen nach unten offenen Schemel setzen, der über einem Loch im Boden platziert ist. Die Kardinäle überprüften aus einem darunter liegenden Raum das – hoffentlich männliche – Geschlecht. Dieses Ritual sollte hundertprozentig sicherstellen, dass die Amtszeit des Auserwählten nicht durch eine zukünftige Schwangerschaft beeinträchtigt wurde.

Obwohl es mit letzter Sicherheit nie bewiesen werden kann, gilt es dennoch als sehr wahrscheinlich, dass Johannas Angelicus, der jahrelang als Heiliger Vater auf dem Stuhl Petri saß, in Wirklichkeit eine Frau war: die Päpstin Johanna.

12.
Um Kopf und Kragen

Wie Blütenblätter soll der Kragen den Kopf des Trägers zur Geltung bringen. Nach fachkundigem Urteil gelingt es nur dem Londoner Herrenausstatter Turnbull & Asser, solch »eine Verbindung zwischen Kragen und Gesicht« herzustellen. Wer sich bei T & A ein Hemd auf den Leib schneidern lassen will, muss jedoch zwölf Wochen warten und mindestens ein halbes Dutzend bestellen – zum Stückpreis von 400 Dollar. Kein Wunder also, dass 83 Prozent der männlichen Bevölkerung den leidigen Hemdenkauf lieber »Mutti« überlassen. Je nach Geschmack besorgt sie den amerikanischen Pin, an dem die Kragenenden mit einer Nadel zusammengezogen werden, oder den eher sportiven Button-down. Zur Auswahl steht noch der Soft-Roll-Kragen, der mit Krawatte ebenso gut aussieht wie ohne. Einige bevorzugen gar die offene italienische Variante, die das Goldkettchen auf behaarter Männerbrust besonders gut zur Geltung bringt. Eine solche Formenvielfalt gab es vor hundert Jahren allerdings nicht. Damals galt das Diktat des Fracks, und unter ihm diente der Stehkragen. Ähnlich dem Collar katholischer Geistlicher wand sich dieser Rundkragen eng und messerscharf um den Hals. Lediglich durch das Umbiegen der Spitzen wurde eine vordere Aussparung geschaffen, damit genug Platz für den hüpfenden Adamsapfel blieb. Allerdings waren diese Kragenspitzen, die wie eine Rampe hervorragten, beim Essen eher hinderlich. Mehr als einmal verhakten sich dort Messer und Gabel – ein Vorfall, der in Frankreich wohl besonders häufig vorkam, was sich an dem Namen zeigt, den die Franzosen diesem Kragen gaben: *parasites* – Mitesser. Ein Münchner Herrenausstatter, der diese modernen französischen Kragen bestellte, erhielt die Ware von einem Modehändler aus Paris mit dem Hinweis: *Ces cols s'appelent parasites*. Des Französischen nicht mächtig, übersetzte der Münchner den Satz gleichwohl Wort für Wort mit Hilfe seines Wörterbuchs: *ces* – diese, *cols* – Kragen, *appelent* – heißen, *parasites* – ... nun, hier vertat er sich. Anstatt auf *parasites* – zu deutsch »Schmarotzer« – blieb sein Finger eine Zeile tiefer bei *parricide* hängen.

Und so heißen die Stehkragen mit den abgeknickten Ecken bei uns dank dem Herrenausstatter, der dafür fälschlich den Begriff parricide *ins Deutsche übersetzt hatte, Vatermörder.*

13.
Ein geprellter Geldmacher

Ein Arbeitgeber mit der Bezeichnung »Amt für offizielle Veröffentlichungen« klingt nicht besonders viel versprechend. Doch Arthur fand, er hätte dort die Chance, seinem Beruf in einer besonders kreativen und spannenden Weise nachzugehen. Arthur war nämlich Grafiker, und der Arbeitsplatz in der Rue Mercier in Luxemburg erwies sich für den begabten jungen Mann tatsächlich als großer Glücksfall. Hinter dem trockenen Behördennamen verbarg sich eine Art Verlagshaus, das jährlich mehrere tausend Monografien, über hundert Periodika und diverse Videos publizierte. Arthur war ein Workaholic und machte schnell Karriere, das heißt, er stieg bald zum Chefgrafiker seines Amtes auf. Er prägte diverse unverwechselbare Logos, die in aller Welt bekannt wurden. Insbesondere mit einer kreisförmigen Anordnung einer Anzahl von Himmelskörpern gelang ihm ein Symbol, das zur Zeit seines Entstehens noch eine Utopie war. Inzwischen aber ist diese Wunschvorstellung vieler Politiker Wirklichkeit geworden. Für Arthur hingegen ist gerade die aktuelle Situation sehr schmerzlich. Ehe er in den wohlverdienten Ruhestand trat, hatte er seinem Amt ein ganz besonderes Abschiedsgeschenk hinterlassen. Was er damit buchstäblich verschenkt hatte, erfuhr er rein zufällig. Ohne einen speziellen Auftrag, also gewissermaßen nebenbei, hatte er nämlich ein kleines Meisterwerk geschaffen, und genau jenes Zeichen, das er fast 25 Jahre zuvor mit Tusche auf einen Zeichenkarton gemalt hatte, sah er eines Abends im Jahr 1998 im Fernsehen wieder. Selbst die an den Kanten spielerisch abgeschrägten Doppelstriche entsprachen seinem Entwurf. Arthur konnte es nicht fassen. Hätte er das damals noch nutzlose Logo nicht einfach großzügig seinem Amt übergeben, sondern als Privatmann schützen lassen, wäre er heute Multimillionär. Jede Behörde, jede Bank, jeder PC-Hersteller müsste ihm Lizenzen dafür zahlen, das fragliche Symbol benutzen zu dürfen. Denn das Zeichen, das der Grafiker Arthur Eisenmenger 1974 seinem Arbeitgeber, dem Amt für offizielle Veröffentlichungen der Europäischen Union, unentgeltlich überlassen hat, ist heute der Renner überhaupt.

Eisenmengers spielerisch entworfenes Zeichen – eine Art € mit zwei Querbalken – wurde 1998 ohne sein Wissen für die neue Gemeinschaftswährung verwendet: das € als Logo für den Euro.

14.
Aus der Ursuppe des Kosmos

Seine Geschichte beginnt in grauer Vorzeit, kurz nach dem *Big Bang*, als Vulkanausbrüche und Blitzschlag bestimmte elementare Stoffe freisetzten, die sich in der wässrigen Ursuppe auflösten. Erste Lebewesen – die fressenden Urmikroben – entwickelten einen speziellen Verdauungsprozess, bei dem ein organisches Abfallprodukt entstand. Schon früh entdeckte der *Homo sapiens* diesen Stoff, der auffällig roch und sich genüsslich verzehren ließ. Als denkendes Wesen sann er wohl von Anfang an auf Mittel und Wege, um Ängste, Schmerzen, Hemmungen und Zweifel zumindest zeitweise zu minimieren und seinen Überlebenswillen durch andere, positivere Gefühle zu stärken. Er fand heraus, wie er den begehrten Stoff selbst erzeugen konnte. Ein junger Mann aus Galiläa, dem man nachsagte, er mache Blinde sehend, Lahme gehend und wecke sogar Tote auf, verlieh seiner neuen Heilslehre mit einem Wunder Nachdruck, bei dem die fragliche Substanz eine prominente Rolle spielte. Noch heute hat der Stoff überall auf der Welt Freunde, obwohl seine Schattenseiten allgemein bekannt sind. Viele Menschen begeistern sich so sehr an ihm, dass sie ihm regelrecht verfallen. Er hat natürlich auch strikte Gegner, die jeden Umgang mit ihm ablehnen, aber die kommen meist aus den Reihen der ehemals größten Anhänger. Wie es diese Substanz bewerkstelligt, Emotionen zu steuern, Kreislauf- und Atemfunktionen zu verändern, Verhalten und Selbsteinschätzung zu manipulieren, ja sogar Blackouts hervorzurufen, das ist keine Zauberei, sondern reine Chemie, bewirkt durch eine organische Mischung aus Kohlenstoff, Wasserstoff und Sauerstoff mit ihren ganz speziellen polaren, apolaren und lipophilen Eigenschaften. Aber erst ihre Zerlegung und Reinigung machte die Substanz zur wirklichen Gefahr. Sie blieb erstaunlicherweise fast überall legal, wohl weil der Fiskus und auch die Künste von ihrem Verzehr profitierten. Die Erfindung einer sehr simplen Methode, ihre Anwesenheit im menschlichen Körper festzustellen, machte die Welt ein bisschen sicherer, die Betroffenen aber oft äußerst aggressiv.

Heute gilt es in den verschiedenen Kulturen weniger als Segen denn als Geißel der Menschheit, aber es ist aus unserer aller Leben kaum wegzudenken, jenes süchtig machende Gebräu, das in der Ursuppe des Kosmos entstand: der Alkohol.

15.
Ein schlauer Schmuggel

»Allen bösen Gewalten der Zivilisation ausgesetzt, behauptet er sich gewitzt und mit dem Mute der Verzweiflung«, so beschrieb Spencer eine seiner beliebtesten Figuren, meinte damit aber niemand anderen als sich selbst. Sein ganzes Leben scheint eine Art Vabanquespiel gewesen zu sein, bei dem er mal schlau kalkulierend, mal tollkühn die Dinge auf die Spitze trieb. Die Frauen lagen ihm scharenweise zu Füßen, die Männer in seinem Umfeld mochten ihn allerdings nicht so sehr, weil er ihnen nur zu gern die Geliebten ausspannte. Bei aller Leichtlebigkeit machte er dabei doch viermal Ernst und heiratete die Damen seines Herzens. Die Ehe mit seiner vierten, über dreißig Jahre jüngeren Ehefrau sollte schließlich bis an sein Lebensende Bestand haben. Ein geselliges Haus an der amerikanischen Westküste und ein Haufen Kinder deuten auf ein glückliches Eheleben hin, aber mit der Treue soll Spencer es nach wie vor nicht so genau genommen haben. Doch trotz aller Probleme blieb die schöne junge Frau an seiner Seite. Zu Anfang des Kalten Krieges eckte Spencer mit seiner politischen Orientierung an und verheddert sich in seiner Naivität auch noch in missverständliche Aussagen. Als er ausgerechnet 1953 mit Frau und Kindern eine Europareise unternahm, hatte dies fatale Auswirkungen: Spencer, der nach wie vor die britische Staatsbürgerschaft besaß, erhielt trotz jahrzehntelangem Aufenthalt in den USA bei seiner Rückkehr plötzlich Einreiseverbot. Und damit nicht genug: Wegen angeblicher kommunistischer Umtriebe wurde auch sein gesamtes US-Vermögen »eingefroren«. Dass die Familie dennoch später in der Schweiz ein einigermaßen sorgloses Leben führen konnte, verdankte Spencer einzig und allein seiner jungen Frau. Die damals noch nicht Dreißigjährige kehrte allein in die USA zurück. Sie durfte sogar ganz legal einreisen, denn immerhin war sie die Tochter des bekannten Literatur-Nobelpreisträgers Eugene O'Neill! Sie blieb jedoch nur so lange in den Staaten, bis sie alle Besitztümer ihres Mannes zu Geld gemacht hatte. Bei ihrer Ankunft in Zürich hatte sie schwer zu tragen an ihrem herrlichen, großzügig geschnittenen Nerzmantel.

Sie hatte nämlich alles Geld in dicken Bündeln von Tausend-Dollar-Noten ins Futter eingenäht und so außer Landes geschmuggelt — Oona O'Neill, die Frau des weltberühmten Komikers Spencer »Charlie« Chaplin.

16.
Leckerei aus Italien

Großwesir Kara Mustapha stand im Jahr 1679 mit 200 000 Mann vor den Toren Wiens, dessen Verteidigung lediglich über 1600 Söldner verfügte. Tagelang versuchten die Belagerer die Stadt einzunehmen, aber es gelang ihnen nicht, die hohen Mauern zu überwinden. Schließlich entschloss sich der Großwesir, heimlich einen Stollen zu graben und auf diesem Weg sein Ziel zu erreichen. Um nicht entdeckt zu werden, verrichteten die Stollengräber ihre Arbeit bei Nacht. Die mongolisch-türkischen Generäle wussten allerdings nicht, dass die Wiener Bäcker bereits um Mitternacht in der Backstube schufteten, um ihre Ware morgens frisch auszuliefern. Eines Nachts hörte eine Gruppe von Bäckern, die in einem Kellerraum arbeitete, verdächtige Geräusche. Eilig alarmierten sie den Stadtrat, und die in der Stadt stationierten Soldaten vereitelten den Überfall. Es heißt, das Ganze geschah zur Fastenzeit, als die Wiener Bäcker das für diese Zeit typische Gebäck zubereiteten, welches im Wappen der Bäcker abgebildet ist. Frühestens an Sebastiani, dem 20. Januar, durfte mit dem Backen der Spezialität begonnen werden. Der sehr feste Wasserteig wurde mit Salzzusatz geformt und vor dem Backen in Salzwasser »gesotten«. Während der Fastenzeit war es üblich, diese Speise an Kinder und Arme zu verteilen. Einem italienischen Mönch, der die ihm anvertrauten Kinder mit diesem Gebäck belohnte, wenn sie ihren Katechismus gut auswendig gelernt hatten, war die Idee für die außergewöhnliche Form seiner Backware gekommen: Er hatte versucht, die zum Gebet verschränkten kleinen Arme der Kinder zu imitieren. Die kleinen Geschenke des Mönchs hießen auf Italienisch »bracciatelli«, Ärmchen. Im Lauf der Zeit veränderte sich der Name des ehemaligen Fastengebäcks, das seit der Belagerung Wiens durch den Großwesir Kara Mustapha bis heute das Wappenschild des Bäckerhandwerks ziert, und aus »bracciatelli« wurde »Brezitella« oder »brezin«.

Heute kennt jeder das eigentümlich geformte Gebäck unter dem Namen Brezel.

17.
MIT EISERNEM WILLEN

Im Süden Amerikas herrschte strikte Rassentrennung. Auch in dem kleinen Ort Clarksvill, Tennessee, hatten Schwarze kaum eine Chance. Die einzigen Reichtümer, die Ed und Blanche besaßen, waren ihre 22 Kinder. Wilma, das zwanzigste, war eine Frühgeburt und sollte das Sorgenkind bleiben. Keine Kinderkrankheit, von der sie verschont geblieben wäre: Masern, Mumps, Scharlach, Windpocken und Lungenentzündung. Die Hausrezepte von Mama Blanche halfen der Kleinen immer wieder, schnell gesund zu werden. Aber kein Hausmittel konnte helfen, als die Diagnose Kinderlähmung lautete. Die vier Jahre alte Wilma, so erklärten die Ärzte den entsetzten Eltern, würde auf Dauer ein verkrüppeltes linkes Bein haben und daher nie richtig laufen können. Mama Blanche dachte nicht daran aufzugeben. Zweimal wöchentlich mussten Mutter und Kind fünfzig Kilometer weit zur Therapie in die für Schwarze zugelassene Uniklinik nach Nashville fahren. Endlich, nach zwei Jahren, war die Kleine in der

Lage, mit Hilfe einer Metallschiene und mit Krücken mühsam zu stehen. Ein Anfang war gemacht. Wenn die Muskulatur des verkürzten Beinchens gestärkt werden konnte, gab es vielleicht eine Chance, dass Wilma kein Krüppel bleiben musste. Sie trainierte täglich: strecken, beugen, drehen. Die ganze Familie glaubte fest daran, dass Wilma es schaffte. Eine schier endlose Zeit verging, ehe ihr die ersten Schritte ohne Krücken gelangen. Aber sie gab nicht auf, bis endlich auch die Beinschiene abgenommen werden konnte. Schließlich war das Wunder perfekt: Wilma konnte ohne orthopädische Schuhe laufen! Sie sollte es noch eindrucksvoll beweisen: im 100-Meter-Sprint, im 200-Meter-Sprint und in der 4 × 400-Meter-Staffel bei den Olympischen Spielen in Rom 1960.

Denn die Frau, die die drei Goldmedaillen errang, war niemand anderes als das Kind, dem prophezeit worden war, es werde nie richtig laufen können: die von allen »Gazelle« genannte Wilma Rudolph.

18.
KALTGESTELLT

Am 11. Dezember 1941 erklärte Hitler den Vereinigten Staaten den Krieg. Eine der Folgen war der sofortige Lieferstopp des Cola-Sirups aus der Konzernzentrale in Atlanta. Die in Deutschland noch vorhandenen Vorräte zur Herstellung der braunen Brause würden nur noch ein paar Monate reichen, was seinerzeit allerdings eines der eher kleineren Übel war. Gleichwohl war Coca-Cola, das seit 1929 auch in Deutschland verkauft wurde, sehr beliebt, und so befürchtete man, der absehbare Engpass könnte die Moral an der Heimatfront schwächen. Der Geschäftsführer der deutschen Coca-Cola-Niederlassung, Max Keith, hatte die politische Entwicklung geahnt und vorgesorgt. Bereits gegen Ende des ersten Kriegsjahres hatte er seinen Chefchemiker beauftragt, ein Getränk zu entwickeln, mit dem sich die amerikanische Brause ersetzen ließe. Das Ausgangsprodukt war Molke, das bei der Käseherstellung abgeschiedene säuerliche Milchprodukt. Um seinem amerikanischen Vorbild geschmacklich zu entsprechen, wurden der Molke Fruchtreste aus der Obstsaft-Produktion sowie Koffein und der Süßstoff Sacharin beigegeben. Obwohl das neue Getränk je nach Fruchtbeimischung unterschiedlich schmeckte, fand es sogleich reißenden Absatz. Noch während des Krieges wurde das Produkt in mehreren europäischen Ländern als Warenzeichen registriert, und nach dem Krieg übergab Max Keith den Cola-Bossen die neue erfolgreiche Marke. Nach anfänglichen Umsatzeinbußen eroberte sich die Nazi-Limo schließlich einen sicheren Marktanteil. Und das ist bis heute so geblieben. Die lange Zeit braune Flasche soll kein Hinweis auf die braune Vergangenheit des Getränks sein, denn sie wurde erst 1955 entworfen, und auch die Brause von heute hat mit dem damaligen Originalgebräu keine Ähnlichkeit mehr. Nur das Warenzeichen ist geblieben. Max Keith war damals für sein Getränk, das er als »Rest von Resten« bezeichnet hatte, kein klingender Name eingefallen, und so hatte er seine Angestellten aufgefordert, doch ihre Fantasie zu bemühen.

Beim Stichwort »Fantasie« wiederholte ein Mitarbeiter die ersten beiden Silben, und so heißt das ehemalige Molkegetränk bis heute: Fanta.

19.
WIEDERHOLUNGSTÄTER

Indische Gurus – also spirituelle Lehrer – versorgen ihre Anhänger gern mit rätselhaften Sinnsprüchen, um ihnen Gelegenheit zu geben, sich im Meditieren zu üben. »Om mani pad mehum« lautet eine der Formeln, die buddhistische Mönche oft stunden- und tagelang vor sich hin murmeln. Solche manchmal völlig bedeutungslosen Sätze werden Mantras genannt und dienen der Disziplinierung von Körper und Geist. Auch unsere westliche Kultur kennt etwas Ähnliches, allerdings in einem anderen Kontext, nämlich in Liedern, und wir bezeichnen es als Refrain. Manche dieser Refrains sind genauso sinnlos und unverständlich wie Mantras, etwa das im rheinischen Karneval übliche »Umba, umba, tätärä!«. Es gibt aber auch sehr konkrete Refraintexte, die durch ihre animierende Botschaft dem Wohlbefinden so nützlich sind, dass sie in kurzer Zeit zum Welthit aller Frohnaturen werden. Genau dies war jedenfalls dem Song eines amerikanischen Musikers beschieden, der als seriöser Pianist angefangen hatte und sich auch inzwischen wieder der etwas ernsthafteren Musik zugewandt hat. Man könnte auch sagen, er habe eine Art Cross-over vollzogen, indem er als Dirigent des Saint Paul Chamber Orchestra auftritt, aber dabei zur Musik von Mozart, Bach und Tschaikowsky auch seine unverkennbare Stimme erklingen lässt. Diese vokale Präsenz verschaffte ihm 1988 seinen größten und mehrfach mit Platin-Awards ausgezeichneten Hit. Der Refrain des Songs, den er so unermüdlich sang, klingt förmlich wie ein Mantra, und als solches war es einst auch von einem indischen Guru benutzt worden. Es ist nicht bekannt, ob der Sänger Bobby McFerrin diesen Guru jemals getroffen hat, doch Bobby ist es, der die fragliche Beschwörungsformel in aller Welt bekannt gemacht hat.

Guru Meher Baba soll sie 44 Jahre lang als so genannte letzte Worte vor sich hin gebrabbelt haben – die absolute Formel des positiven Denkens, die als Songzeile Furore machte: »Don't worry, be happy!«

20.
Ein guter Tausch

Im 10. Jahrhundert hatten sich die Araber das fruchtbare Land angeeignet. Allerlei Gewürze gediehen dort bestens, und der Fischreichtum war ebenfalls nicht zu verachten. 1503 eroberten es die Portugiesen, doch 1784 holten sich die islamischen Sultane ihr Eigentum wieder zurück. 1885, zu einer Zeit, als der europäische Kolonialismus seinen Höhepunkt erlebte, versuchte der regierende Sultan – aus welchen Gründen auch immer –, den Deutschen die koloniale Betreuung seines kleinen Reiches schmackhaft zu machen. Alle anderen europäischen Großmächte waren damit beschäftigt, den Rest der Welt unter sich aufzuteilen, doch der deutsche Reichskanzler von Bismarck zeigte wenig Interesse. Zusammen mit Togo wurde das Sultanat daher lediglich unter deutsche Schutzherrschaft gestellt. Während aber weitere Protektorate wie Deutsch-Südwestafrika – das heutige Namibia – und Kamerun den Deutschen allmählich lieb und teuer wurden, blieb jenes entlegene Gebiet mit seinem tropischen Pflanzenreichtum und den Vanille-, Zimt-

und Kokosplantagen eine wenig geschätzte Errungenschaft. Das Negativimage dieser Gegend dürfte die Begeisterung ebenfalls gedämpft haben, denn immerhin war dort bis weit ins 19. Jahrhundert hinein der größte Umschlagplatz Ostafrikas für den Sklavenhandel gewesen. Im Jahr 1890 kam es schließlich zu einem ungewöhnlichen Tauschabkommen. Kritische Stimmen warnten zwar davor, den inzwischen immer wichtigeren Vorposten für den Handel mit Afrika aufzugeben, doch der Deal wurde vollzogen, und wie das Schutzgebiet war auch das Tauschobjekt eine Insel. Diese befindet sich quasi vor der deutschen Haustür, gehörte aber lange zu Dänemark. Achtzig Jahre war sie im Besitz der Engländer gewesen, die nicht so recht wussten, was sie damit anfangen sollten. Das wurde ihnen erst im Zweiten Weltkrieg klar, aber da war an dem Abkommen nicht mehr zu rütteln. Neben dem unwiderruflichen Tausch wurde bei der Übergabe auch die Steuerfreiheit bis ans Ende aller Zeiten zugesichert. Dem deutschen Kaiserreich dürfte kaum bewusst gewesen sein, dass ihm damit ein veritables Kleinod in den Schoß gefallen ist.

Denn was sich Deutschland 1890 im Tausch gegen das Sultanat Sansibar einhandelte, war die später strategisch und touristisch höchst bedeutsame Nordseeinsel Helgoland.

21.
Déjà-vu im Weissen Haus

Es war ein Freitag, an dem Ann Witwe wurde. Ein Mann war in ihre Loge eingedrungen und hatte ihrem Gatten von hinten in den Kopf geschossen. Weil der gedungene Killer noch vor Prozessbeginn umgebracht wurde, ließen sich die wahren Hintergründe für das Attentat nie ganz klären. Anns Mann war beliebt gewesen, hatte sich für die Rechte unterdrückter Minderheiten eingesetzt und es in seinem Amt zu großer Anerkennung gebracht. Die Rolle, die Ann dabei zu spielen hatte, war nicht immer leicht gewesen. Sie war 24 Jahre alt, als sie geheiratet hatte, und schon bald Mutter von drei Kindern. In der Öffentlichkeit hatte ihr Mann als Inkarnation politischer Tugend gegolten, doch privat war er nicht immer der reinste Engel. Dennoch, in der dunkelsten Stunde ihres Lebens, nämlich als ihr kleiner Sohn starb, war er ihr einziger Trost gewesen. Nachdem ihr Mann tot und wie vorgeschrieben ein Nachfolger in Amt und Würden war, zog sich Ann ins Privatleben zurück. Als genau hundert Jahre später wieder einmal neue

Bewohner in Anns frühere Residenz einziehen, ist jeder von der neuen Hausherrin begeistert. Auch sie hat mit 24 geheiratet, drei Kindern das Leben geschenkt und einen kleinen Sohn verloren. Auch ihr Mann ist ein Vertreter einer neuen Zeit. Und als ihn an einem Freitag gezielte Schüsse in einem Ford Lincoln von hinten in den Kopf treffen, wiederholt sich detailgetreu die Geschichte vom Mord an Anns Mann im Ford-Theater. Die Tatsache, dass beide Opfer das gleiche Amt bekleideten, dass ihre Namen aus sieben Buchstaben bestehen, beide an einem Freitag starben, beide Mörder aus dem Süden stammten und vor Prozessbeginn ermordet wurden und dass der jeweilige Amtsnachfolger Johnson hieß, mag Zufall sein. Mindestens ebenso seltsam ist, dass Anns Gatte eine Woche vor seinem Tod die kleine Ortschaft Monroe in Maryland besucht hatte und dass der Mann ihrer Nachfolgerin ebenfalls eine Woche vor den tödlichen Schüssen Marylin Monroe einen Besuch abstattete.

Es sind dies allesamt Teile im Puzzle der mysteriösen Übereinstimmungen von Leben und Tod der beiden US-Präsidenten Abraham Lincoln und John F. Kennedy.

22.
Ein kleiner Samenkern

Haben Sie schon einmal von einer Gewichtseinheit gehört, die »Hörnchen« heißt? Nein? Sie haben Recht, denn »Hörnchen« ist auch nur die wörtliche deutsche Übersetzung einer Bezeichnung für eine bestimmte Mengenquantifizierung und Wertangabe. Nun entspricht eine größere Menge von etwas nicht immer auch gleich automatisch einem großen Wert. Schließlich dürfte man viele Zigarettenkippen in einem Aschenbecher kaum für ebenso wertvoll halten wie die gleiche Menge leckerer Gummibärchen auf einem Teller. Hinzu kommt: Gleiche Gewichtsmengen verschiedener Produkte haben häufig einen anderen materiellen Wert und unterscheiden sich auch in ihrer Stückzahl. Damit sind nun die Kriterien genannt, die in Bezug auf Wert, Menge, Gewicht, Volumen und Anzahl eine Rolle spielen. Schon vor Jahrhunderten haben die Menschen versucht, möglichst allgemein verständliche Maße festzulegen und verbindliche Regeln zu verabreden, die den unterschiedlichen Bedürfnissen gerecht wurden. So kam es, dass verschiedene Gewerbezweige eigene Maßeinheiten festlegten, die ihren jeweiligen Anforderungen am besten entsprachen. Wassertiefen wurden in Knoten gemessen, Stoffe in Ellen, Getreide in Scheffel und so weiter. Für bestimmte, höchst wertvolle und begehrte Produkte, die man sich nur in kleinen Mengen leisten konnte, war vor langer Zeit schon eine Gewichtseinheit gebräuchlich, die in Ländern, in denen der Handel mit Gold und Edelsteinen große Bedeutung hatte, fast immer und überall zur Hand war: der bräunlich schwarze Samenkern des Johannisbrotbaums. Wegen der gebogenen Form der Schote dieses Baums, deren immer gleich große Samenkerne ein Gewicht von 0,2 Gramm haben, nennt man diese Gewichtseinheit im Griechischen »keration«, was eben »Hörnchen« bedeutet. Daraus wurde im Arabischen »qirat« – das heißt so viel wie »kleines Gewicht«.

Auch bei uns hat sich die aus dem Griechischen und Arabischen abgewandelte Form vom kleingewichtigen Hörnchen eingebürgert, und sie ist bis heute der Wertmaßstab für Diamanten und Gold sowie für die Qualität von Goldlegierungen: die Gewichtseinheit Karat.

23.
Schicksalhafte Begegnung

Sie wollten berühmt werden: Picasso, Matisse, Franz Arp und Max Ernst. Und jeder war davon überzeugt, dass er es schaffen würde, und zwar hier, in Paris. Die Konkurrenz war groß, denn wie Wassily Kandinsky feststellte: »In Paris gibt es etwa 5000 Maler. Das ist wie ein Eimer Milch. Oben sammelt sich die Sahne. Nur ein paar bleiben vor der Geschichte bestehen.« Zu ebendieser Crème de la Crème wollte auch ein 26-jähriger Künstler aus Montroig gehören. Er glaubte an seine Begabung und war fest entschlossen, die Herausforderung anzunehmen. Kaum aber war er in der Stadt seiner Träume angekommen, versiegte seine Schaffenskraft. Eingeschüchtert durch die Diskussionen der berühmten Kollegen über den rechten Weg, saß er monatelang wie gelähmt vor seiner Leinwand, unfähig, auch nur einen Strich zu zeichnen. Resigniert kehrte er nach Montroig in die elterliche Goldschmiede zurück. Er würde Kaufmann werden, so wie es ursprünglich geplant war. Schon bald jedoch zog ihn seine Künstlerseele erneut nach Paris.

Diesmal gelang es ihm, die Eindrücke von der Welthauptstadt der Kunst in seine Bilder umzusetzen. Nur fanden seine Arbeiten kaum Liebhaber, und das wenige Geld, das er verdiente, reichte kaum zum Leben. Geschwächt vom Hunger, schleppte er sein neuestes Werk von Kunsthändler zu Kunsthändler. Diese interessierten sich freilich nicht für das Bild, sondern behaupteten, die Wohnungen seien heutzutage sehr klein, und folglich seien nur kleine Bilder gefragt, und sie gaben ihm den Rat, sein neuestes Werk, eine ländliche Szene, in kleine Stücke zu zerschneiden. Die allerletzte Hoffnung, einen Käufer zu finden, war das Café »Jockey« auf dem Montparnasse, wo man ihn sein Gemälde einen Tag lang ausstellen ließ. Und tatsächlich, ein junger amerikanischer Journalist erkannte den neuen Geist, der aus dem Bild sprach. Zwar musste er sich das nötige Geld erst leihen, doch er kaufte das Bild *Die Farm*. Es war das schicksalhafte Zusammentreffen des armen Malers mit dem mittellosen Korrespondenten des *Toronto Daily Star*, dem Schriftsteller Ernest Hemingway.

Denn hätte Hemingway das Bild an diesem Tag nicht gekauft, wäre aus dem armen Künstler vielleicht nie einer der berühmtesten spanischen Maler geworden: Joan Miró.

24.
Time is money

Fortlaufend wurden ungeheure Mengen des kostbaren Rohstoffs produziert. Damit die Preise nicht ins Bodenlose fielen, verheizte man die wertvolle Ware tonnenweise oder versenkte sie ins Meer. Ein unbefriedigender Zustand, der die Frage aufwarf, ob sich die Überproduktion nicht irgendwie für schlechte Zeiten erhalten ließ. Also wandten sich die Produzenten des reichlich vorhandenen Rohstoffs an ein internationales Unternehmen, das auf dieses Gebiet spezialisiert war. In dessen Auftrag forschte nun der Wissenschaftler Max Morgenthaler vier Jahre lang, allerdings ohne Erfolg. Zwar gelang es ihm, das Produkt wunschgemäß umzuformen, aber dabei ging das Wichtigste verloren, nämlich das wertvolle Aroma. Schließlich wurde das Projekt von der Firmenleitung eingestellt. Max jedoch gab nicht auf und experimentierte in seiner Freizeit weiter. Zwei Jahre später gelang ihm schließlich der Durchbruch: Sein Produkt entsprach einerseits noch dem Ausgangsstoff, wies nun aber andererseits spezielle moderne

Eigenschaften auf. Er hatte dem Ausgangsprodukt einen Nährstoff beigegeben, der dessen unverwechselbaren Geschmack bewahrte. Auch wenn Max seine Erfindung zu Hause gemacht hatte, gehörte sie natürlich immer noch dem Konzern. 1938 kam die Neuheit auf den Markt. Das Werbemotto lautete dabei: »Schnell und einfach!« Zielgruppe waren Männer, vor allem Sportler, Ledige und Studenten. Aber auch Frauen, die für unerwarteten Besuch gewappnet sein wollten, sollte das Produkt angepriesen werden. Während des Krieges wurde die Produktion nach Amerika verlegt, wo sich das Geschäft rasant entwickelte. Trotz mancher Konkurrenz war es hauptsächlich Max' Produkt, das in den Tornister der GIs kam. Nach dem Krieg galt es, auch in Europa zu werben und Fabriken aufzubauen. Patente liefen aus, andere Anbieter drängten auf den Markt, und neue Technologien halfen, das Produkt zu verbessern. Max erhielt Tantiemen, einen halben Schweizer Rappen pro Kilo, was sich angesichts des weltweiten Erfolgs zu einem Vermögen summierte.

Denn was der Schweizer Chemiker erfunden hatte, war schnell, einfach und vor allem löslich, der moderne Kaffee des Nahrungsmittelkonzerns Nestlé: der Nescafé.

25.
Zum Schiessen nicht geeignet

Am Anfang haben immer alle die besten Absichten: Die Kinder wollen eifrig lernen und die Eltern tolerant sein und nicht auf Leistung fixiert. Die Lehrer schließlich wollen verständnisvoll, gerecht und nicht autoritär sein. Doch irgendwann beginnt das große Zittern, denn um eine Leistung beurteilen zu können, muss eine vergleichbare Bewertung her, sei es nach Punkten oder über Noten oder auch mit Worten. Zu allen Zeiten nahmen Schüler Lob gerne zur Kenntnis, verdrängten üblicherweise Kritik und waren einigermaßen überrascht, wenn sie eine Klasse wiederholen mussten. Faule Pennäler gab es zwar schon immer, doch soll eine alte deutsche Lateinschule einmal mit besonders schlechten Schülern geplagt gewesen sein. Die Professoren sahen sich jedenfalls zu einer außergewöhnlichen Maßnahme gezwungen: Um den Zöglingen eine Vorstellung von ihrem dürftigen Wissensstand zu geben und um durch die Möglichkeit des gegenseitigen Vergleichs einen Wettbewerb anzuspornen, wurde die verbale Beurteilung abgeschafft und eine allgemein gültige Skala eingeführt. Eine Stufenleiter von fünf Noten sollte als Maßstab gelten. Die Neuerung scheint nicht viel genützt zu haben, denn die Leistungen der Lateinschüler sollen so schlecht gewesen sein, dass die Skala nicht ausreiche, um sie einzuordnen. Sie konnten nach dem geltenden Maßstab nicht beurteilt werden, sondern lagen noch darunter. In der Lateinschule hieß die entsprechende Zensur dafür »sub omni canoni«. Ob die Schüler tatsächlich so schlechte Lateiner waren oder ob sie sich zum Scherz einen Wortgleichklang zunutze machten, ist nicht bekannt. Jedenfalls führten sie ein großes Geschütz ins Feld. Die Schüler interpretierten die Zensur ihrer Lehrer als eine Art Kriegserklärung und übersetzten das lateinische »canoni« nicht korrekt mit dem deutschen Wort *Maßstab*, sondern falsch mit dem Wort für großes Rohr, also *Kanone*.

Noch heute sagen wir, wenn etwas sehr schlecht ist und jeder Kritik spottet, nicht »sub omni canoni«, also »außerhalb jedes Maßstabs«, sondern das vollkommen unsinnige: unter aller Kanone.

26.
Dunkle Vorahnung

Man weiß wenig über Johanna. Als Tochter eines Landarztes und einer pietistischen Dichterin wuchs sie in einem religiös geprägten Elternhaus auf und stellte sich daher sehr hohe Ansprüche in puncto Glauben und Moral. Es gab Gerüchte über eine unglückliche Jugendliebe, und es heißt, Johannas Mann Bernhard sei auf Richard Wagner eifersüchtig gewesen, der in seinen ersten Züricher Jahren bei dem jungverheirateten Paar ein und aus ging. Die wenigen erhaltenen Briefe Johannas an eine Freundin sind voller Selbstbezichtigungen und sprechen immer wieder von dem Gefühl, ein unvollkommener, sündiger Mensch zu sein. In einer ihrer Geschichten, die sie zu dieser Zeit veröffentlichte, schildert sie das traurige Schicksal einer Jugendfreundin. Die düstere Erzählung traf genau den Ton der Zeit und stieß bei den Lesern auf große Resonanz. Johanna schrieb weiter und verarbeitete Selbsterlebtes, allerdings nie erkennbar Autobiographisches. In der Erzählung »Daheim und in der Fremde« beschreibt Johanna das

Schicksal von Martha, deren Sohn erkrankt ist. Martha betet und erkennt, dass sie gesündigt hat, weil sie Gott verachtet hat. Der Sohn stirbt und wenig später auch Marthas Mann, der den Tod des Sohnes nicht verwinden konnte. Martha kehrt als Witwe in ihr Elternhaus zurück und findet in der Bibel Vergebung und Trost. Der Durchbruch gelang Johanna schließlich mit ihrem nächsten Roman, einem Bestseller, in dem alle Wünsche nach heiler Welt, Gerechtigkeit und Heimat erfüllt werden. Doch dann geschieht etwas Merkwürdiges. 1884, zwölf Jahre nach Veröffentlichung von Marthas Geschichte, erweist sich die Erzählung gleichsam als Prophezeiung von Johannas eigenem Schicksal. Ihr Sohn Bernhard stirbt an Tuberkulose, und wenig später, noch im selben Jahr, stirbt auch ihr Mann, der wie sein fiktives Pendant den Tod des Sohnes nicht verwinden kann. Nur Johanna kehrte nicht wie die literarische Martha in ihr Elternhaus zurück. Denn inzwischen war sie eine berühmte Schriftstellerin, deren Werk in fünfzig Sprachen übersetzt wurde. Der Bestsellerroman über das kleine Mädchen aus der Schweizer Bergwelt wurde gleich mehrmals verfilmt.

Die Autorin des Romans »Heidi«, die ihr eigenes Schicksal auf so makabre Weise voraussagt, war die Schriftstellerin: Johanna Spyri.

27.
Transatlantische Wegzehrung

Begeistert über Charles Lindberghs spektakulären Alleinflug über den Nordatlantik im Jahr 1927, investierte die amerikanische Wirtschaft enorme Summen in die Flugzeugindustrie und den Ausbau der Fluglinien. Schon wenige Tage nach der Großtat gründete man eine neue Fluggesellschaft, die Transcontinental Air Transport. Später wurde daraus die Transworld Airlines mit ihren legendären Stewardessen im schicken Kostüm und dem immerwährenden Lächeln. Obwohl die Sitzreihen noch nicht den Abstand »Knie unters Kinn« hatten, war es mit der Gemütlichkeit auf den Transatlantikflügen nicht weit her. Und auch das süßeste Lächeln der Flugbegleiterinnen konnte nicht darüber hinwegtrösten, dass die Fluggäste jämmerlich froren. Auf dem Weg von den USA nach Europa gab es in luftiger Höhe weder beheizte Kabinen noch warme Mahlzeiten und Getränke. Alle Passagiere warteten natürlich ungeduldig auf die damals noch nötige Zwischenlandung und die Aussicht auf eine Tasse wärmenden Tees. Es war reiner Zufall, dass man für diese Zwischenstopps Irland gewählt hatte, wo es – typisch irisch – meist kalt und nass war. Die Passagiere kamen also sprichwörtlich vom Regen in die Traufe. Beim Anblick der müden und frierenden Reisenden empfand Joe Sheridan, der Chef des Flugfelds in Irland, tiefes Mitleid. Und um die Passagiere aufzumuntern und ihnen zur Begrüßung etwas Wärmendes anzubieten, erfand Joe eine neuartige Mixtur. Aufgrund der tausendjährigen irischen Trinktradition durfte das Getränk natürlich nicht alkoholfrei sein. Außerdem gehörte ein anerkannter Muntermacher dazu, und zur Steigerung des Glücksgefühls wurden Zucker und Sahne beigefügt. Obwohl das heiße Gebräu mit der weißen Haube bis weit in die Mitte des 20. Jahrhunderts in Irland völlig unbekannt war, glauben heute viele fälschlich, es handle sich dabei um ein altes Nationalgetränk.

Dabei bezieht sich der Name des Getränks nur deshalb auf die Grüne Insel, weil man dort den ersten Fluggästen bei der erforderlichen Zwischenlandung jene Mixtur aus Whiskey, Kaffee, Sahne und Zucker anbot: den Irish Coffee.

28.
Die ausschlaggebende Kleinigkeit

Oskar war ein Mann, der wusste, was er wollte. Was er einmal anpackte, führte er auch zu Ende. Und selbst wenn mal etwas schief ging, warf er die Flinte nicht so schnell ins Korn. Kein Schaden, wo nicht auch ein Nutzen wäre, lautete seine Devise. Und Schaden hatte der Stoffhändler häufig zu beklagen. Schließlich waren die Beschaffung edler Seide aus China und der Kauf anderer ungewöhnlicher Materialien Mitte des 19. Jahrhunderts schon wegen des Transports ein Risiko. Schiffe mit empfindlichen Ladungen kamen längst nicht immer dort an, wo sie erwartet wurden. Mitunter verschwand die Ware auch in den Lagerhäusern, verdarb oder wurde konfisziert. Oskar hatte eine Lieferung verschiedenartiger Stoffe aus Südamerika in die USA schicken lassen, doch nur einige Ballen groben Segeltuchs kamen an, mit denen er eigentlich nichts anfangen konnte. Dann aber machte er doch etwas daraus, gemäß seiner zuvor erwähnten Devise. Die Erfolgsstory des aus Niederbayern stammenden Oskar ist weidlich bekannt. Dass aber seine weltweit zum Kleidungsstück Nummer eins avancierte Hose ihren unverwechselbaren Charakter erhielt, lag nicht nur an Oskars Idee, das Segeltuch zu färben, oder an dem damals gerade aufkommenden großen Bedarf an robuster Arbeitskleidung für Bergleute, Fabrikarbeiter und Cowboys. Oskar machte sich vielmehr hellsichtig die Erfindung eines anderen zunutze. Ein Mann namens Jacob Davis war auf die Idee gekommen, eine zuvor bei Pferdedecken angewandte Technik auch auf Kleidungsstücke anzuwenden, und meldete 1873 das entsprechende Patent an. Oskar bezahlte die Gebühr und erwarb dadurch ebenfalls die Nutzungsrechte. Davis' Erfindung bestand in der Anwendung von metallenen Fixierungen zur Verstärkung von Säumen und Nähten, und ihm ist es zu verdanken, dass Oskars Arbeitshosen sozusagen unverwüstlich wurden.

Denn wodurch die Jeans des Oskar Levi Strauss überhaupt erst ihr unverwechselbar typisches Merkmal bekamen, das waren die Nieten.

29.
Wovon Faultiere träumen

Zu allen Zeiten, in allen Kulturen und in allen Altersstufen ist für die Menschen die Vorstellung vom Paradies auf Erden Gegenstand ihrer Träume gewesen. Merkwürdigerweise scheint es aber recht schwer zu sein, sich ein einigermaßen einheitliches Bild davon zu machen. Wahrscheinlich richtet sich der jeweilige Wunschtraum vor allem danach, woran gerade Mangel besteht. Zu Zeiten der Dürre geht es um Regen, zu anderen Zeiten um genügend Arbeit, bei Armut um Reichtum, bei Langeweile um Vergnügen und Unterhaltung. Grundsätzlich aber geht es um Freude, Glück, Zufriedenheit – alles Wünsche, von deren Erfüllung wiederum ein jeder unterschiedliche Vorstellungen hat. Eine wichtige Rolle spielt fast überall der Hunger und daher das Essen. Genug ist dabei meist nicht genug – es muss alles im Überfluss geben, damit es Befriedigung verschafft. In den Märchen der Brüder Grimm ist beispielsweise von einer »berghohen Mauer von Reisbrei« und einem Bratwurstzaun die Rede. Ums liebe Geld geht es ebenfalls recht häufig, besonders in den heutigen Wunschgeschichten, von denen Dagobert Duck das beste Beispiel für reiches – und geiziges – Wohlleben darstellt. Ganz tief verwurzelt ist aber auch der Glaube an ein goldenes Zeitalter, in dem Milch und Honig so reichlich fließen, dass jeder genug abbekommt. Diese Phantasmagorie hat schon der Volksdichter Hans Sachs aufgegriffen, indem er berichtet, dass ausgesprochen üppig und gedankenlos lebende Müßiggänger »in einem Land drei Meilen hinter Weihnachten« ein glückliches Dasein führten. Er nennt es das »Reich der Sluraffen«, das heißt der Faulen, der »Schlurris«, wie man heute mitunter umgangssprachlich irgendwelche Traumtänzer bezeichnet, die lässig alles schlurfen und schleifen lassen und sich hedonistisch nur den angenehmen Dingen widmen. Abgeleitet von diesem für die meisten unerreichbaren Müßiggang hat sich die fragliche Utopie bis heute als Wunschtraum erhalten.

Die Menschen – ob arm oder reich – glauben nur zu gern, dass es sie wunschlos glücklich machen würde, wenn sie für immer im Schlaraffenland leben könnten.

30.
IM DIENST IHRER MAJESTÄT

Solange sie lebte, schauderte Vera Atkins bei dem Gedanken an die Reaktion des Kommandanten von Auschwitz, Rudolf Höß. Auf ihre Vermutung, im Lager seien 1,5 Millionen Menschen ermordet worden, hatte Höß fast beleidigt erklärt, die exakte Zahl sei 2 345 000. Vera hatte nach Kriegsende in Deutschland nach 118 vermissten Mitarbeitern gesucht, die genau wie sie für die britische Spionage- und Sabotageabteilung »Special Operations Executive«, kurz SOE, im Einsatz gewesen waren. Sie klärte immerhin das Schicksal von 117 auf und sorgte dafür, dass deren Mörder vors Kriegsgericht kamen. Die Spur des 118. verlor sich in der Nähe von Monte Carlo – zusammen mit drei Millionen Franc Firmengeld. Vera war entgangen, dass der Mann ein Spieler war, als er sich 1941 in ihren Büros in der Baker Street vorgestellt hatte. Dabei hatte sie persönlich jeden Einzelnen der 500 Frauen und Männer sorgfältig geprüft und ausgewählt. Und sie hatte ihnen gesagt, die Wahrscheinlichkeit, für das SOE zu sterben, liege bei

50:50. Dennoch waren alle geblieben. Sie erfand für jede und jeden eine eigens zugeschnittene französische Lebensgeschichte. Über ganz London verstreute Schneider und Schuhmacher fertigten französische Kleidung, Unterwäsche und Schuhe an. Schließlich stand Vera Atkins auf dem Flugfeld von Tempsford, Bedfordshire, wo sie alle Agenten verabschiedete, ehe sie in der Nacht ein Flugzeug nach Frankreich bringen sollte. Für jeden hatte sie einen deftigen französischen Fluch und ein engelsgleiches Lächeln übrig. Viele ihrer Agenten wurden zu Nationalhelden. Sie selbst wurde von Königin Elisabeth zum Commander of the British Empire und von Frankreichs Staatspräsident Mitterrand zum Kommandanten der Ehrenlegion ernannt. Eigentlich war Vera nur die Assistentin des Chefs der 1940 gegründeten SOE, doch in Wirklichkeit zog sie die Fäden. Das wusste auch der »als Talent aus dem zivilen Bereich«, im Dienste Ihrer Majestät tätige Ian Fleming. Er setzte der außerordentlichen Persönlichkeit Vera Atkins schließlich ein literarisches Denkmal.

Atkins diente nämlich als Vorbild für die einzigartige und kluge Privatsekretärin von James Bond, die legendäre Miss Moneypenny.

31.
Doch keine unfreundliche Bezeichnung

Die Zusammenkünfte in den berühmten Salons einer Madame Necker und einer Madame de Staël galten im 18. Jahrhundert als Höhepunkte des kulturellen und gesellschaftlichen Lebens. »Es war jene Atmosphäre von Intelligenz, Takt, Anmut, Einfluss und unauffälligem Reichtum, der eine Gastgeberin befähigte, Frauen von Charme und Männer von Geist um sich zu sammeln«, heißt es in Durants *Kulturgeschichte der Menschheit*. Ähnliches galt um 1750 auch für den Salon der Engländerin Elizabeth Montagu. Hier waren niedere Zerstreuungen wie Kartenspiel ausdrücklich verpönt, während die geistige Unterhaltung gar nicht anspruchsvoll genug sein konnte. Insbesondere tat sich dort ein Gelehrter namens Benjamin Stillingfleet hervor – sowohl durch die Geschliffenheit seiner Rede als auch durch eine bestimmte Eigenart seiner Kleidung. Die Montagu erwähnt Letztere mehrmals in ihrer Korrespondenz. Später ließ sich ein anderer Gast, der Viscount of Falmouth, öffentlich über diese Marotte aus, um damit zu betonen, dass es in Mrs Montagus Salon nicht auf Äußerlichkeiten ankam, sondern allein auf den glänzenden Intellekt. Aber offenbar wurde er missverstanden. Seine Bemerkung trug nämlich dazu bei, dass sich für Damen mit hauptsächlich geistigen Interessen schon bald eine ziemlich unfreundliche Bezeichnung einbürgerte, mit der man ihnen ein zugleich absichtlich unattraktives und wenig weibliches Auftreten nachsagte. Das fragliche Kleidungsstück des Mr Stillingfleet wurde dadurch merkwürdigerweise zu einem Synonym weiblicher Aufmüpfigkeit und Emanzipation stilisiert. Gut möglich, dass sich die Salondame Elizabeth Montagu noch nichts dabei dachte, als sie wegen der ungewöhnlichen Farbe der Beinkleider jenes Herrn in ihrer Gesellschaft zur »Queen of the Blue Stockings« avancierte, auch wenn das durchaus abfällig klang. Bald aber wurde vor allem in Studentenkreisen ein hässliches Schimpfwort daraus.

Und noch heute – über 200 Jahre später – ärgert sich so manche junge Frau, die durch überdurchschnittlichen Wissensdurst und hohe Intelligenz auffällt, wenn man sie als »Blaustrumpf« bezeichnet.

32.
ÜBER STOCK UND STEIN

Mitte des 19. Jahrhunderts war Reisen in Schottland eine ausgesprochen holprige Angelegenheit. Die Wege eigneten sich gerade mal für Pferdekutschen und Ochsenkarren. Zwar wäre es seit 1845 möglich gewesen, die Unannehmlichkeiten etwas zu lindern, doch Schlaglöcher und spitze Steine machten die von Robert Thomson erdachte anfängliche Verbesserung nach ein paar Meilen zunichte. Kein Wunder, dass sich damals niemand für seine geniale Idee interessierte. Allmählich geriet sie in Vergessenheit, und so hatte auch sein etwas jüngerer Landsmann John, der sich als Tierarzt in Irland niedergelassen hatte, nie davon gehört. Ein Zufall wollte es jedoch, dass just er Thomsons Idee vierzig Jahre später »ins Rollen« brachte. Der Veterinär hatte seinem kleinen Sohn Johnny ein Dreirad zum Geburtstag geschenkt. Dessen Begeisterung war etwas getrübt, denn das neue Gefährt war ihm nicht schnell genug. Kein Problem für Papa John. Zuerst nahm er seinen Tierarzt-Kittel und zerschnitt ihn in mehrere Teile. Danach wurden die einzelnen Streifen mit Kleber und Stoff zusammengesetzt und am Dreirad angebracht. Am 28. Februar 1885 war das Werk vollendet. Der kleine Johnny testete das Gefährt bis spät in die Nacht. Und am nächsten Tag fuhr er tatsächlich seinen Kameraden überlegen auf und davon. Schon bald interessierte sich die Belfaster Fahrradfirma Sinclair für Johns Erfindung und stattete ihre Fahrräder damit aus. Als ein berühmter englischer Radrennfahrer mit der neuen Technik alle seine Rennen gewann, war deren Siegeszug nicht mehr aufzuhalten, zumal sich inzwischen die Straßenverhältnisse wesentlich verbessert hatten. Obwohl ein anderer, nämlich Robert Thomson, viel früher einen luftgefüllten Reifen entwickelt hatte, erteilte die englische Königin schließlich 1888 John das Patent. Aus dem Geburtstagsgeschenk für den kleinen Johnny entstand so ein Markenzeichen, das die Welt eroberte.

Der erste brauchbare luftgefüllte Gummireifen wurde nach seinem Erfinder benannt, dem schottischen Tierarzt John Boyd Dunlop.

33.
Tote ausgraben

Die behäbige Dame mittleren Alters mit dem unmodischen Hut wirkte ein wenig deplatziert auf der abgelegenen Ausgrabungsstätte im Nord-Irak. Doch ebendort brachte Mary Clarissa Mallowan ihre Kameras in Position, um Keramiken aus dem sechsten Jahrtausend vor Christus zu fotografieren. Ihr Mann, der Archäologe Max Mallowan, hatte die Krüge und Teller auf einem prähistorischen Siedlungshügel gefunden. Seit ihrer Eheschließung 1930 begleitete sie ihn auf all seinen Forschungsreisen. Das abenteuerliche Leben, das die Erforscher antiker Kulturen in diesen Ländern führten, faszinierte sie. Sie filmte und arbeitete aktiv an den Ausgrabungen mit, ging daneben aber auch noch ihrer eigentlichen Profession nach. Max hatte ihr bei seinem Heiratsantrag die Frage gestellt, ob sie bereit sei, mit jemandem zu leben, dessen Aufgabe es sei, »Tote auszugraben«. Und sie hatte geantwortet: »Ich liebe Leichen.« In der Tat pflegte auch sie sich in ihrem Beruf mit Toten zu beschäftigen – besonders mit solchen, die eines gewaltsamen Todes starben. Mary Clarissa Mallowan behauptete manchmal sogar, ihre eigentliche Arbeit, der sie ansonsten an zivilisierteren Orten nachging, habe viel mit Archäologie zu tun. Jedenfalls waren es vor allem die Reisen, die sie für ihre Zwecke ausschlachtete – etwa jene in einem legendären Zug –, und die oft merkwürdigen Begegnungen mit Göttern, Gräbern und Gelehrten. Denn nur weil Mary Clarissa ihren Archäologengatten jahrelang in den Orient begleitete und dort überall spezielle Eindrücke sammelte, konnte sie beispielsweise den Speisewagen in *Mord im Orientexpress* oder das Tal der Könige in *Tod auf dem Nil* so spannungsvoll in ihre Geschichten einbauen.

All das trug dazu bei, dass Mary Clarissa Mallowan die berühmteste Kriminalschriftstellerin und Bestsellerautorin aller Zeiten wurde – besser bekannt unter ihrem Künstlernamen Agatha Christie.

34.
Klingender Chronograph

Im Jahr 1895 baute ein deutscher Erfinder in Hamburg die allererste elektrische Uhr. Im gleichen Jahr, am 11. Januar, kam Laurens im amerikanischen Evanston zur Welt. Zwei unterschiedliche Ereignisse an weit entfernten Orten der Welt, und trotzdem gibt es eine Verbindung zwischen ihnen: Denn als Laurens viele Jahre später die erste in Amerika verwendete elektrische Uhr zum Patent anmelden wollte, erfuhr er, dass diese Erfindung bereits in seinem Geburtsjahr von einem unbekannten deutschen Tüftler vorweggenommen worden war. Laurens hatte schon im Alter von vierzehn Jahren ein Automatikgetriebe patentieren lassen und dem Automobilhersteller Renault angeboten, doch die Firma lehnte ab. Der Erfinder hat sich allerdings nicht entmutigen lassen, und als er schließlich im Jahr 1973 starb, gehörten ihm über hundert Patente. Grundbaustein seiner Erfindungen war immer ein Elektromotor. Ein solcher war auch das Herzstück seiner »B 3«, eines Musikinstruments, dessen Geburtsstunde am 24. April 1934 von

Brahms' Erster Symphonie begleitet wurde. Die Funktionsbeschreibung der »B3« klingt für den technischen Laien eher nach einem unmusikalischen Ungetüm: »Ein Generator erzeugt millionenfache Vielfalt. Von einem Elektromotor angetrieben, drehen sich magnetische Räder. Mit Hilfe von Spulen induzieren sie einen schwachen elektrischen Strom, der durch Druck einem Röhrenverstärker zugeführt wird.« Tatsächlich werden auf elektromagnetischem Weg durch 91 rotierende Scheiben von der Größe eines Zweieurostücks Töne erzeugt. Den ersten Auftrag für seinen Klangkörper hatte Laurens vom Automobil-Tycoon und Musikliebhaber Henry Ford bekommen. Ob er die 253 Millionen verschiedenen Klänge, die sich mit dem Standardmodell erzeugen lassen, auch unterscheiden konnte, ist jedoch unwahrscheinlich. Von manchen abschätzig als »Kinoorgel« bezeichnet, sorgt das Instrument bis heute in der Jazzwelt für Furore. Berliner Jazzmusiker nennen es liebevoll »Hemmungsorgel«, obwohl es keine Pfeifen hat und gar keine Orgel ist.

Das Ganze ist im Grunde eine Weiterentwicklung der elektrischen Uhr des Amerikaners Laurens Hammond: die Hammondorgel.

35.
Die gründlichen Deutschen

Oft wird sie bespöttelt, die sprichwörtliche deutsche Gründlichkeit, die dafür sorgt, dass bei uns alles geordnet und nach festgelegten Regeln gehandhabt wird. Doch der allgemeine Nutzen solcher Vorschriften ist nicht von der Hand zu weisen, denn manche Dinge werden dadurch enorm vereinfacht. Spätestens mit Beginn der Industrialisierung wurde es offenbar: Nichts würde mehr funktionieren, wenn man nicht bestimmte allgemein gültige Übereinkünfte traf. Bestes Beispiel dafür war die regional unterschiedliche Schienenbreite bei den Eisenbahnen! Auch diverse andere fortschrittliche Produktionsverfahren kamen nicht ohne genau festgelegte Vorschriften aus. Eine auf freiwilliger Basis zustande gekommene Arbeitsgemeinschaft aus Interessenvertretern der Erzeuger und Verbraucher, dazu Vertreter aus Wissenschaft, Handel und Behörden, versuchte daher für eine Vereinheitlichung von Begriffsbestimmungen, Abmessungen, Formen und Formelzeichen zu sorgen. Zur Debatte standen außerdem Themen wie Rationalisierung, Qualitätssicherung und Information. Um die Herstellung zu vereinfachen und zu verbilligen und die Austauschbarkeit von gleichartigen Teilen aus unterschiedlichen Herstellerbetrieben zu sichern, legte man – dank deutscher Gründlichkeit – selbst Konstruktionsdetails wie Gewindemaße und Passungen fest. Nachdem sich im Dezember 1917 ein so genannter Normenausschuss der deutschen Industrie konstituiert hatte, wurden von 1918 an diverse Richtlinien, Anweisungen und Vereinheitlichungen für Maße und Maßstäbe bei den verschiedensten Industrieprodukten geschaffen und veröffentlicht. Unter anderem im Jahr 1922 eine allgemein verbindliche Vereinbarung für Papier, die bis heute geläufig ist. 1926 wird der Ausschuss in Deutscher Normenausschuss – kurz DNA – umbenannt. Aber nicht nur bei den Papiergrößen, sondern bei einer Unzahl von Maßeinheiten, Nummern-, PS-, Grad- und sonstigen Formaten benutzt man bis heute drei Buchstaben, die weltweit zu einem Begriff geworden sind.

Einst waren sie das apodiktische Kürzel für »Das ist Norm«, später wurden sie umgedeutet als verlässliche Garantie der Deutschen Industrie-Norm – jene drei fast jedem bekannten und dennoch meist rätselhaften Großbuchstaben DIN.

36.
Der Schattenmann

Wer in der Politik eine Rolle spielen will, ist auf die richtigen Beziehungen angewiesen. Das war schon immer so, und es galt daher auch im Europa des 17. Jahrhunderts. Es war entscheidend zu wissen, über welche Personen man Zugang oder Gehör bei einem Mächtigen erhielt. In Frankreich führte der Weg zum König damals über Kardinal Richelieu, und der Kardinal war wiederum nur über François Le Clerc du Tremblay zu erreichen, den Spross einer berühmten Pariser Adelsfamilie. Als Kapuzinermönch war er mit der Aufgabe betraut gewesen, die Hugenotten wieder zum Katholizismus zu bekehren, und dabei hatte er den ehrgeizigen Bischof von Luçon, den späteren Kardinal Richelieu, kennen gelernt. Tremblay und Richelieu blieben sich ein Leben lang in enger Freundschaft verbunden, zumal der fromme Adlige Richelieu Zugang zum französischen Hof verschafft hatte. Der Mönch war die treibende Kraft hinter vielen innen- und außenpolitischen Projekten des Kardinals, was sich besonders in der harten Haltung der

Regierung gegenüber den Hugenotten äußerte, deren Entmachtung er zielstrebig verfolgte. In seinem religiösen Eifer plante er sogar einen Kreuzzug, der Palästina wieder unter christliche Herrschaft bringen sollte. Zwar scheiterte dieses Projekt, doch dafür waren seine diplomatischen Auftritte zur Förderung der europäischen Machtpolitik Richelieus während des Dreißigjährigen Krieges äußerst erfolgreich. Bekannt war Tremblay vor allem wegen seiner Polemiken und Pamphlete im Dienst der politischen Sache des Kardinals sowie als langjähriger Redakteur eines der ersten Periodika in französischer Sprache, des *Mercure français*. Seine Reden und seine charismatische Erscheinung machten ihn in ganz Frankreich berühmt, wenngleich sein Spitzname eher unangenehme Assoziationen weckte. Man nannte ihn »Eminenz« und sprach ihm damit den gleichen Rang wie Seiner Eminenz Kardinal Richelieu zu. Um ihn jedoch vom Kardinal und seinen pompösen kardinalroten Roben zu unterscheiden, spielte man auch darauf an, dass Eminenz du Tremblay den graubraunen Habit der Kapuziner trug.

Heute steht der Spitzname des Kapuzinermönchs und Vertrauten Richelieus für jemanden, der im Verborgenen an den Schaltstellen der Macht sitzt. Dann ist er nämlich eine »graue Eminenz«.

37.
Ein echter Künstlername

Man könnte meinen, fortschrittliche Kochkünstler und Restaurantbesitzer hätten neben dem Studium moderner Gastronomie auch Kreativkurse für hochgestochenen Sprachgebrauch zu absolvieren. Jedenfalls scheint es, als sollten die Namen der Speisen den Kunden durch bestimmte Appetit anregende Vokale und Magensaft fördernde Zischlaute die Menü-Auswahl erleichtern. Von fantasievoll in Gänsefüßchen gesetzten »urzeitlichen Ceralien« und »maritimen Exentials an gelierten Jus von Exotikfrüchten« ist da die Rede, und aus simplen Speisekarten werden geradezu linguistische Leckerbissen. Doch derlei kochkünstlerische Exzentrik gab es auch schon früher. Bestimmte Gerichte wurden durch zugkräftige Künstlernamen zu umsatzträchtigen Hits gemacht – etwa das Tournedos Rossini, das angeblich der berühmte Komponist bevorzugte, oder die der Sängerin Nellie Melba gewidmete Nachspeise Pêche Melba. Auch italienische Küchenmeister haben sich für ihre Gerichte gern überraschende Namen ausgedacht. So heißt beispielsweise ein toskanisches Nudelgericht »Pasta vedova con sugo finto«, also »Witwennudeln mit falscher Soße«. Was würden Sie sich aber unter einem »Modigliano« vorstellen? Oder unter einem »El Greco«? Nun, vermutlich das Bild eines berühmten Malers – was auch sonst!? Ein pfiffiger Gastronom jedoch, der Venezianer Guiseppe Cipriani, der unter anderem ein Getränk namens »Bellini« erfand, wählte für seine Schöpfungen bevorzugt Namen aus der Welt der Kunst. Beim ersten Mal kam ihm ein Zufall zu Hilfe. Im Museo Correr am Markusplatz fand gerade eine große Ausstellung statt, als Cipriani für eine seiner illustren Stammkundinnen, die schnell etwas Leichtes, aber Herzhaftes zu essen verlangte, eine delikate Vorspeise kreierte. Die schmeckte der alten Dame ganz vorzüglich, und sogleich fragte sie nach dem Namen des Gerichts. Cipriani hätte es ihr widmen können, doch stattdessen kam ihm der Name des im Museo Correr ausgestellten Malers in den Sinn.

Und deshalb heißt jenes aus zartem rohen Rindfleischscheiben bestehende und inzwischen in aller Welt bekannte Gericht nach dem schon im 16. Jahrhundert verstorbenen Renaissancemaler Vittore Carpaccio.

38.
Die Hosenrolle

August der Starke, der Kurfürst von Sachsen und König von Polen, hatte angeblich 100 uneheliche Söhne – unter anderem einen mit seiner bildschönen Mätresse Aurora von Königsmarck. Und damit ist er wohl auch Urahn einer überaus bemerkenswerten Frau. Sie ist die Urenkelin eines Maurice de Sax, des Sohnes der Aurora von Königsmarck. De Sax zeugte seinerseits eine uneheliche Tochter, die später, nach dem Tod ihres Gatten, eines Monsieur Dupin, nur einen Lebensinhalt kannte, nämlich ihren diesmal ehelich geborenen Sohn Maurice. Dieser Maurice verliebte sich als napoleonischer Offizier in eine Frau von zweifelhaftem Ruf, die ihm kurz nach der Heirat im Jahr 1804 eine Tochter gebar. Diese Tochter wurde von Maurice' Mutter – Madame Dupin – auf ihrem Landgut in Mittelfrankreich großgezogen. Die konservativ strenge Erziehung und die Art, wie die Großmutter das heranwachsende Mädchen behandelte, sind vielleicht der Schlüssel zu dessen ungewöhnlicher Persönlichkeit. Als Folge der Prinzipienreiterei der Großmutter entwickelte die 17-Jährige nach deren Tod ein schrankenloses Liebesbedürfnis und einen unstillbaren Hunger nach Hingabe. Darin mag sie ihrem mutmaßlichen Urgroßvater August dem Starken sehr ähnlich gewesen sein, denn ihr Leben lang vagabundierte sie als »femme fatale« von Liebhaber zu Liebhaber und erregte überall Aufsehen mit den freizügigen Bekenntnissen ihrer Sex-Affären, mit ihren Forderungen nach Gleichberechtigung, aber auch mit der Qualität ihrer zahlreichen schriftstellerischen Arbeiten. In der intellektuellen Künstler-Boheme verkehrte sie mit einer Unzahl berühmter Männer ihrer Zeit, die alle von ihr fasziniert waren. Warum sie bis heute kaum jemand unter ihrem eigentlichen Namen Amantine-Aurore-Lucile Dupin kennt, hat damit zu tun, dass ihre Großmutter sie behandelte, als wäre sie ein Junge. Wohl deshalb hat sie sich dann auch einen Männernamen als Pseudonym zugelegt. Sie liebte eben alles Widersprüchliche.

Die Schriftstellerin, deren Liebhaber von Victor Hugo bis Frédéric Chopin Legende sind, die Zigarren rauchte und meist als emanzipierte Frau in Hosen auftrat, war die skandalumwitterte französische Erfolgsautorin George Sand.

39.
Unrecht Gut gedeihet doch

Heute weiß jedes Kind, dass alles, was sich die europäischen Kolonisatoren seit Beginn des 16. Jahrhunderts in einem gerade entdeckten überseeischen Kontinent aneigneten, vorher anderen gehört hatte. Weil die Ureinwohner, die man wegen der irrtümlich von Kolumbus für Indien gehaltenen Neuentdeckung Indianer nannte, ein völlig anderes Verhältnis zur Natur, zu Landbesitz und Kultur hatten, wurden sie damals einfach verdrängt, enteignet und in Kämpfen massenweise niedergemetzelt. Zur Gewissensberuhigung wird immer wieder darauf verwiesen, die Weißen hätten den Indianern hier und da ihren Grund und Boden auch ordnungsgemäß abgekauft. So zum Beispiel eine recht kleine Region zwischen zwei Flüssen an der Ostküste Amerikas, die heute eine Art Kultstatus erlangt hat. Doch auch dieser angeblich rechtmäßige Erwerb durch holländische Siedler entpuppte sich im Nachhinein als großer Betrug. Die Holländer hatten nämlich das 54 Quadratkilometer große felsige Stück Land den Indianern im Mai 1626 für ein paar lumpige Schatzkisten mit Äxten, groben Stoffresten und wertlosem Muschelgeld abgeluchst. Die Ironie des Schicksals bestand darin, dass den »Neu-Amsterdamern« ihr Land schließlich durch einen unbesonnenen Deal wieder abhanden kommen sollte. Vierzig Jahre später war am anderen Ende der Welt, in Südostasien, zwischen den Holländern und der englischen Ostindischen Kompanie ein heftiger Kampf um den Handel mit Muskat und anderen Gewürzen entbrannt. Die Engländer mussten dabei viele Niederlagen einstecken, und am Ende fehlte den profitgierigen Holländern zur unangefochtenen Monopolstellung nur noch eine kleine, aber äußerst gewinnbringende Gewürzinsel im indonesischen Archipel. Ebendieses winzige Eiland Pulo Run, dessen Namen heute keiner mehr kennt, brachten sie im April 1667 in ihren Besitz, indem sie den Engländern im Tausch dafür jenes Inselchen an der Ostküste Amerikas überließen, das sie von den Indianern ergaunert hatten. Ein schlechtes Geschäft aus heutiger Sicht, denn dort werden inzwischen die höchsten Grundstückspreise der Welt erzielt.

Jene Felseninsel, die bei den Indianern Mana Haŭi hieß, liegt nämlich in der Hudson-Mündung im Herzen des Big Apple New York und heißt heute Manhattan.

40.
Accessoire vom Balkan

Der Kragen unterscheidet den Angestellten vom Arbeiter, den Konservativen vom Alternativen. Die Zivilgewänder der Antike bis zum frühen Mittelalter ließen den Hals frei. Erst als die Eisenrüstung der Ritter im Spätmittelalter immer aufwändiger wurde, war es nahe liegend, auch den empfindlichen Hals entsprechend zu schützen. Aus dem Halsschutz wurde ein Halsschmuck. Ausladende Spitzenkragen und unförmige Halskrausen betonten diese Wehrhaftigkeit. Erst die Landsknechte des 17. Jahrhunderts, zusammengewürfelt aus aller Herren Länder, von Spanien, der Schweiz bis nach Kroatien, trugen keine schwere Rüstung mehr. Um den Hals bevorzugten besonders die Reiter vom Balkan leicht geknüpfte, so genannte kroatische Tücher. Möglicherweise hat sich die balkanische Halszier aber bereits im Mittelalter über die Adria hinweg verbreitet und ist dank der kroatisch-ungarischen Verbindungen des Hauses Anjou auch in Frankreich nicht unbekannt geblieben. Denn schon zu Beginn des 15. Jahrhunderts verwies dort die Bezeichnung des Halstüchleins auf seine geografische Herkunft. Es dauerte allerdings noch 200 Jahre, bis ein modisches Attribut daraus wurde. Der Vater des Sonnenkönigs, Ludwig XII., holte 1633 während des Dreißigjährigen Krieges ein kroatisches Reiterregiment an den Hof. Diese Reiter trugen ein einfaches Tuch um den Hals gebunden. Das Accessoire wurde um 1650 von der Leibgarde des Sonnenkönigs übernommen und verbreitete sich anschließend bald unter der Zivilbevölkerung. Fest steht, dass sich seitdem eine moderne Version des Halsschmucks an den europäischen Fürstenhöfen zu etablieren begann. Die Brüsseler Spitzen, die unförmigen Mühlräder um den Hals und die spanischen Kragen verschwanden, und Mitte des 17. Jahrhunderts ließen sich die Edelleute überall in Europa stattdessen mit einem geknoteten kroatischen Tuch porträtieren.

Es ist unbestritten, dass die Kroaten für die Verbreitung des Halstuchs gesorgt haben. Sehr wahrscheinlich wurde aus dem Französisch »les croates« (die Kroaten) schließlich die Bezeichnung »cravate« für ihr Tuch. Und so heißt das fragliche männliche Accessoire auch bei uns: Krawatte.

41.
Heldensagen

Achtzig Mal hatte er überlebt. Angeblich waren demjenigen, dem es gelingen würde, den Ritter zu besiegen, das Victoria Cross, ein eigenes Fahrzeug und 5000 Pfund Belohnung versprochen. Eines Morgens wurde gemeldet, gegen elf Uhr habe in Vaux-sur-Somme ein Kampf stattgefunden und das gewünschte Ziel sei erreicht worden. Die Trophäe lag zerstört am Boden, und in kürzester Zeit waren Souvenirjäger zur Stelle, um ein Andenken an den schon zu Lebzeiten sagenumwobenen Helden zu ergattern. Die Nachricht von dem Triumph über den angeblich Unbesiegbaren, der mit dem Orden Pour le Mérite sowie dem Eisernen Kreuz erster und zweiter Klasse ausgezeichnet war, verbreitete sich natürlich wie ein Lauffeuer. Viele hätten sich gerne damit geschmückt, den hoch dekorierten Kämpfer besiegt zu haben. Als Sieger feierte man zunächst Leutnant Arthur Roy Brown. Er erhielt zwar nicht die angekündigten Belohnungen, wurde aber im Juli 1918 für sein Können und seinen Wagemut mit einem weiteren Ordensstreifen an der Uniform geehrt. Die Auszeichnung wurde ihm vom Prince of Wales persönlich überreicht. Schon kurz darauf machte Leutnant E. C. Banks vom 56. Australischen Bataillon seine Ansprüche geltend, und schließlich meldete auch Sergeant Popkin sehr glaubwürdig, er sei der wahre Sieger jenes Kampfes. Im Laufe der Jahre behaupteten fünf weitere Männer, die Bezwinger des Helden gewesen zu sein. Achtzig Jahre lang wurden die Umstände des Kampfes am 21. April 1918 mit unheimlichen und dramatischen Geschehnissen angereichert. Nach und nach vermischten sich die Tatsachen, die das Ende des ritterlichen Helden betrafen, so sehr mit Fiktion, dass die frühen Kriegsmeldungen und Augenzeugenberichte in einem Meer von Erfindungen untergingen. Erst 1998 stellte man fest, dass der berühmteste Flieger aller Zeiten wahrscheinlich nicht bei einem dramatischen Duell in den Lüften besiegt worden war.

Vielmehr wurde er ganz banal während einer Notlandung durch den Zufallstreffer eines unbekannten französischen Infanteriesoldaten getötet, der legendäre rote Baron: Manfred von Richthofen.

42.
Geradezu lächerlich

Für Harvey war es sein Leben lang unbegreiflich, warum nicht auch er 1945 ums Leben gekommen war. Vier Kameraden, mit denen er Ende des Zweiten Weltkriegs als Soldat vor den Japanern geflüchtet war, wurden durch eine Granate getötet, während er durch die Luft flog und völlig unversehrt blieb. Glück gehabt, dachte er, aber warum gerade ich? Viele Jahre später sah er den Film *Forrest Gump* und erkannte verblüfft gewisse Parallelen zu seinem eigenen Leben. Auch er war wohl immer schon recht naiv und blauäugig durchs Leben getappt! Der beste Beweis dafür war, dass andere mit einer famosen Idee, die von ihm stammte, Millionen machten, ohne dass er etwas dagegen tun konnte. In einer kleinen Stadt im Nordwesten der USA hatte Harvey jahrelang – und gern – bei einer großen Versicherungsfirma gearbeitet. Niemand hätte vermutet, dass etwas, was er dort im Auftrag seines Arbeitgebers schuf, eines Tages zu einem internationalen Streitobjekt werden sollte. Die gestellte Aufgabe hatte Harvey anfangs ein wenig überfordert: Etwas Aufbauendes, Freundliches sollte er sich ausdenken, etwas, was die Moral der Leute hob, während sie ihren Kunden ein gesichertes Leben nach dem Tod verkauften. Und originell sollte es auch noch sein. Harvey saß da und wartete auf eine Eingebung. Und dann hatte er's. Der Präsident der Versicherung war mit dem Ergebnis sehr zufrieden, und die Kampagne wurde ein Knüller. Es dauerte nicht lange, da verbreitete Harveys Schöpfung überall auf der Welt pure naive Freundlichkeit. Ihm selbst hatte die Sache 45 zusätzliche Dollar eingebracht, womit er durchaus zufrieden war. Erst als er erfuhr, dass andere Leute Prozesse um die Urheberschaft an seiner Idee ausfochten, wurde es Harvey zu viel. Ihm war zwar klar, dass er es vierzig Jahre zuvor versäumt hatte, ein Markenrecht auf sein Produkt anzumelden, aber immerhin war er und kein anderer der rechtmäßige Schöpfer.

Er ruhte nicht, bis er dafür die gerichtliche Bestätigung bekam – der gutmütige, etwas naive Grafikdesigner Harvey Ball, der 1963 das universale Icon für Freundlichkeit erfand: das gelbe lächelnde Strichgesicht, das unter dem Namen Smiley weltbekannt wurde.

43.
Kein ominöser Hilferuf

Von der Flotte der nach dem Sieg über Troja heimkehrenden Griechen heißt es, sie sei in alle Winde zerstreut worden. Womöglich waren ihnen die Götter doch nicht so wohlgesonnen. Vielleicht gab es damals aber auch einfach zu wenige Möglichkeiten, andere auf sich aufmerksam zu machen, wenn man sich auf See aus den Augen verlor. Die ersten Seenotrettungsrufe bestanden aus Signalfeuern, die auf den Schiffen nicht ganz ungefährlich und oft nicht weit genug sichtbar waren. Noch heute gehören neben Laut- und Winksignalen Rauch- und Lichtzeichen zu den internationalen Notrufen, die aber hauptsächlich im Bereich des Bergsteigens Verwendung finden. Meist handelt es sich um Leuchtraketen, die in einem vorgegebenen Modus abgefeuert werden müssen, während in der Luftfahrt und im Schiffsverkehr im Notfall mit telegrafischen oder Funksignalen gearbeitet wird. SOS war einer der international festgelegten Hilferufe, der vor allem als Morsezeichen Karriere machte – drei Punkte, drei

Striche, drei Punkte. Von 1912 an war er anstelle des CQD – »Come Quick, Danger« – im akustischen Telegrafie-Funkverkehr international vorgeschrieben. Mittlerweile ist ein weiteres Notsignal geläufig, dessen Bedeutung allgemein Rätsel aufgibt. Die im internationalen Sprachgebrauch übliche, etwas altertümliche, wenn auch sehr anrührende Form des SOS – »save our souls« –, mit der gleichsam um »Seelenrettung« gebeten wurde, stieß möglicherweise bei Ungläubigen und Rationalisten auf zunehmende Ablehnung. Oder sie wurde gar als Blasphemie empfunden. Vor allem im Funkverkehr hat sich daher ein neuer Notruf durchgesetzt, dessen Sinn sich jedoch nicht auf den ersten Blick erschließt: Obwohl es sich so anhört, ist es mit Sicherheit nicht der Wunsch nach besserem Frühlingswetter, wenn notgelandete Flugzeuge im unwegsamen Berggelände oder leckgeschlagene Tanker auf hoher See diesen Begriff in den Äther schicken. Vielmehr handelt es sich bei dem heute im internationalen Funkverkehr vorgeschriebenen Notruf um die französische Form der Bitte um Hilfe: »Venez m'aider« – »Kommt, helft mir«.

Inzwischen ist darum allerdings eine anglisierte Verballhornung geworden, und so lautet der offizielle Notruf – »m'aidez!«– »help mir!« – merkwürdigerweise »Mayday!«.

44.
Der Spion, der in die Küche kommt

Viel ist nicht bekannt über die Organisation und ihre Arbeitsweise. Kaum einer kennt die Zahl ihrer Inspektoren oder weiß, welche Qualifikation die Mitarbeiter haben müssen. Die Agenten achten sorgsam darauf, nicht aufzufallen. Korrekt gekleidet erscheinen sie am Einsatzort meist zu zweit, manchmal auch allein. Sie erledigen ihre Arbeit, und nur selten verraten sie ihre Funktion. Doch auch offenes Interesse kann Teil der Fahndungsprozedur sein, auf deren Erkenntnissen die spätere Urteilsfindung beruht. Angefangen hat diese Agententätigkeit im Jahr 1900, als auf der Pariser Weltausstellung der Siegeszug der Technik gefeiert wurde. Die Stadt hatte sich für das Ereignis herausgeputzt: Eine U-Bahn, die Metro, war gebaut worden, und die sensationelle Eisenkonstruktion des Eiffelturms ragte in den Himmel. Automobile waren nur sehr selten zu sehen, denn Autofahren war ein exklusives Hobby für abenteuerlustige Snobs. Die Brüder Edouard und André waren jedoch von der Zukunft des Automobils so überzeugt, dass sie zur

Ermunterung der Reisewilligen einen kostenlosen Ratgeber herausbrachten. Das 400 Seiten dicke Buch enthielt Informationen zur technischen Ausstattung eines Fahrzeugs, vor allem, welche Ersatzteile man immer dabeihaben sollte. Des Weiteren gab es eine Tabelle, mit der sich die Durchschnittsgeschwindigkeit berechnen ließ, aber auch eine Liste der besten Chirurgen, falls mal etwas schief gehen sollte. Daneben wurden Reparaturwerkstätten sowie Gaststätten aufgezählt. Im Fall einer Panne konnte man also nachlesen, wo man eine gute Mahlzeit zu welchem Preis bekam. Den Ratgeber gibt es noch heute, wenn auch nicht mehr kostenlos. Tatsächlich werden jährlich 1,4 Millionen Exemplare gedruckt, womit das Buch fast so erfolgreich ist wie die Bibel. Pannenhilfe sucht man darin inzwischen allerdings vergebens. Es enthält nur noch jenen speziellen Reisebericht der unauffälligen Inspektoren, die in zwölf europäischen Ländern spionieren. Ihre Bewertungen lauten »verdient besondere Beachtung«, »verdient einen Umweg« oder »ist eine Reise wert« und sind entsprechend mit einem, zwei oder drei Sternen gekennzeichnet.

Man findet sie in dem ursprünglich gratis an die Autofahrer verteilten Ratgeber der Brüder Edouard und André Michelin, dem internationalen Gastronomieführer – »Guide Michelin«.

45.
Sinn im Unsinn

Während des Ersten Weltkriegs kamen drei Deutsche, zwei Rumänen und ein Franzose zusammen, um auf eine bis dahin nicht gekannte Art und Weise gegen den barbarischen Krieg und seine gesellschaftlichen Grundlagen zu agitieren. Doch zunächst galt es, der außergewöhnlichen Protestbewegung einen Namen zu geben. Diesen habe man beim zufälligen Blättern in einem Wörterbuch gefunden – darüber waren sich zwei der Protagonisten bei späterer Befragung einig, wenn auch nicht über die Frage, wer ihn als Erster entdeckt habe. Auch die Begründungen, weshalb sie gerade diesen Namen ausgesucht hätten, sind widersprüchlich: Weil das Wort im Rumänischen einer doppelten Bejahung gleichkomme, behauptete einer; weil es im Französischen so viel wie »Steckenpferd« bedeute, meinte ein anderer, und außerdem besitze es im Deutschen das »Signum alberner Naivität« und ganz allgemein einen lustig lautmalerischen Klang. Doch nicht nur die verschiedenen Erklärungen zu Ursprung und Urheberschaft sind ein vertracktes Verwirrspiel, sondern auch die Sache an sich: Geht es dabei um Kunst oder um Politik? Um eine Feuerversicherung oder um eine Staatsreligion? Könnte es auch ein Garnichts sein, das alles heißt? Über all das ließen die sechs Wort-Gründer ihre Zeitgenossen bewusst im Unklaren. Wie und wann der ominöse Name erfunden wurde, ist mittlerweile ohne Belang. Er ist einfach »ein internationales Wort. Nur ein Wort und das Wort als Bewegung«, wie einer von ihnen konstatierte. Und was für eine Bewegung! Verrückte Fotomontagen und Bilder, Lautpoesie, innovative Tanz- und Schauspielkunst und nicht zuletzt politische Satire sind unter dem Namen zusammengefasst, der 1916 im legendären Züricher »Cabaret Voltaire« von den Deutschen Richard Hülsenbeck, Hugo Ball und Emmy Hennings, den Rumänen Tristan Tzara und Marcel Janco und dem Franzosen Hans Arp kreiert wurde.

Für »eine große vielfarbige Seifenblase, mit der sich niemand identifizieren konnte«, so die Initiatoren dieser einmaligen internationalen Kunstbewegung, gab es keinen treffenderen Namen: Sie wollte genauso sinnfrei sein wie das Kinderwort Dada.

46.
Mit Absicht versenkt

Als nach dem Überfall der deutschen Wehrmacht auf Polen im September 1939 Frankreich und Großbritannien Deutschland den Krieg erklärten, befand sich die deutsche Kriegsmarine – im Gegensatz zum gut ausgerüsteten Heer und zur Luftwaffe – noch im Aufbau. Hitler wollte dennoch auch im Seekrieg, der am Anfang als »Handelskrieg« auf allen Weltmeeren stattfand, die deutsche Vormachtstellung beweisen und befahl den sofortigen Einsatz seiner wenigen Kriegsschiffe. Schon im Dezember des gleichen Jahres erlitt er eine entscheidende Schlappe. Nach tagelangem Gefecht mit drei britischen Kreuzern vor der südamerikanischen Ostküste war ein deutscher Panzerkreuzer so schwer angeschlagen, dass es nur noch eine Frage von Stunden war, bis die Briten ihn vollends versenken würden. Dem Kapitän Hans Langsdorff gelang es gleichwohl, das Schiff mitsamt seiner 1100-Mann-Besatzung zur Reparatur in den Hafen von Montevideo zu retten. Doch die gegnerischen Schiffe riegelten die Mündung des Rio de la Plata völlig ab. Und was noch schlimmer war: Der britische Botschafter forderte auf diplomatischem Wege, den Panzerkreuzer sofort aus dem Hafen zu verbannen. Die Lage war aussichtslos, denn an ein Entkommen auf dem Rio de la Plata ins befreundete Argentinien war wegen der Untiefen des Flusses nicht zu denken. Sich mit dem kampfuntüchtigen Schiff ein weiteres Mal einem Gefecht mit den Briten zu stellen, hätte den sicheren Tod aller bedeutet. Die Regierung Uruguays räumte dem Panzerkreuzer eine Frist von 72 Stunden ein, um den Hafen zu verlassen. Doch das Schiff flog schon vor Ablauf des Ultimatums in die Luft, und England feierte seinen ersten Sieg über die Deutschen. Hitler war außer sich vor Wut und ließ verkünden: »Ein deutsches Kriegsschiff kämpft unter vollem Einsatz seiner Besatzung ... bis zum Sieg oder bis es untergeht!« Es waren nämlich gar nicht die Briten, die das Debakel verursacht hatten, sondern ebenjener Kapitän Hans Langsdorff.

Langsdorff hatte wohl überlegt die gesamte Besatzung von Bord geschickt und anschließend das Schiff durch eine gewaltige Sprengung im Hafen versenkt – den berühmten Panzerkreuzer »Admiral Graf Spee«.

47.
Am Anfang war der Bambus

Wie ein Virus breitete sich Ende der fünfziger Jahre des vorigen Jahrhunderts eine merkwürdige Betätigung aus, die keinen tieferen Sinn verfolgte. Auch der angeblich mit ihr verbundene Spaß war fragwürdig, denn zunächst hatte man sich einem ungewohnten Lernprozess zu unterziehen. Weshalb die Sache dennoch quasi über Nacht zu einer Art Seuche wurde, ist kaum mehr nachzuvollziehen. Wie die kommerzielle Entwicklung vorangetrieben wurde und wie dabei ein Beteiligter um die Früchte seiner Bemühungen gebracht wurde, ist dagegen hinlänglich bekannt. Es begann alles mit einem zufälligen Gespräch zwischen einem in den USA weilenden Australier und zwei jungen Kaliforniern. Der Name des Australiers, der von der Biegsamkeit des Bambus und seinen Verwendungsmöglichkeiten im Sportbereich erzählte, ist heute vergessen. Immerhin brachte er die beiden Kalifornier Richard Knerr und Arthur Melin auf eine Idee, die sie ohne die Verwendung von Bambus in ihrer Wham-O Manufacturing Company im kalifornischen San Gabriel bis zur Produktreife weiterentwickelten. Diese Idee war so genial einfach, dass den beiden das Produkt buchstäblich aus den Händen gerissen wurde, kaum dass sie einen Prototyp in kleiner Auflage hergestellt und zu Testzwecken auf öffentlichen Plätzen verteilt hatten. Zwar zeigte sich dabei, dass ihre Weltneuheit einen enormen Unterhaltungswert besaß, doch versäumten es die Erfinder, den Markennamen und das Design rechtzeitig urheberrechtlich schützen zu lassen. Ihre Schöpfung wurde in kürzester Zeit zum Allgemeingut und von diversen Nachahmerfirmen auf den Markt gebracht, noch bevor Knerr und Melin ein Patent anmelden konnten. Das Ding war nämlich ein simpler Plastikschlauch, der, zum Kreis gebogen, als knallfarbiger Reifen mit individuell unterschiedlichem Hüftschwung um die Körpermitte zum Kreisen gebracht werden musste.

Nicht zuletzt wegen des exotischen Namens, den die beiden Kalifornier ihrer Erfindung gegeben hatten, wurde sie zum Welthit, ja, zum Kultobjekt der Teenager: der Hula-Hoop-Reifen.

48.
Sonnenlichtnahrung

Das 19. Jahrhundert war geprägt von patriarchalen Gesellschaftsstrukturen, und es war das Jahrhundert des Fleisches. Fleisch war das Essen der Männer und die bevorzugte Nahrung des gehobenen Bürgertums. Auch unter Wissenschaftlern und Medizinern galt es als das wertvollste aller Nahrungsmittel. Kein Wunder, dass ein Schweizer Arzt Spott und Tadel erntete, als er im Januar 1900 im »Zunfthaus zur Saffran« vor der Zürcher Ärztegesellschaft erstmals öffentlich erklärte, es wäre besser, Getreide, Früchte und Gemüse zu essen als tierische Produkte. Diese These stieß auf die einhellige Ablehnung seiner Kollegen. Kein Mensch – außer vielleicht Frauen – könne ausschließlich Gemüse essen, befand einer der Zuhörer. Doch der damals 33-jährige Mediziner ließ sich nicht beirren. Seine Kollegen nannten ihn einen »Querdenker und Dickkopf«, der seinen eigenen Beobachtungen und Erfahrungen mehr traue als den gängigen Lehrmeinungen. Dabei wollte der Zürcher Arzt keineswegs nur die Essgewohnheiten revolutionieren, er versuchte auch, seine Patienten zu einem insgesamt harmonischen Leben im Einklang mit der Natur zu erziehen. Seine ganzheitlichen Heilmethoden wurden in seinem 1897 am Zürichberg gegründeten Sanatorium »Lebendige Kraft« umgesetzt. Der Name war Programm. Durch Spaziergänge, Sonnenkuren und Bäder sollten die vornehmen und daher zumeist blassen, verwöhnten und verweichlichten Gäste wieder lebendig und kräftig werden. Dennoch wäre der Pionier der biologischen Gesundheitsmedizin wohl heute vergessen, gäbe es nicht sein Rezept für, wie er es nannte, »Sonnenlichtnahrung«, das heißt naturbelassene rohe Produkte wie Äpfel, Nüsse, Haferflocken und Zitronensaft, angereichert mit Milch.

Nicht nur Schweizer kennen das Originalrezept des Zürcher Arztes Maximilian Oskar Bircher-Benner: das Birchermüesli.

49.
Heimliche Überwachung

Es herrschte wieder einmal dicke Luft im Hause Zeus. Um seine Gattin Hera zu täuschen, hatte der Göttervater seine Geliebte, die Flussnymphe Io, in eine Kuh verwandelt. Hera bemerkte den Trick und erbat das überaus schöne Tier von ihrem Gemahl zum Geschenk. Zeus musste dem Wunsch entsprechen, denn sonst hing der olympische Haussegen schief. Innerlich triumphierend, zog Hera mit ihrer Beute davon. Nun aber galt es, für die verwandelte Io einen Aufpasser zu finden, der weitere Annäherungsversuche des wandlungsfähigen Zeus verhinderte. Hera beauftragte jemanden, der für seine Wachsamkeit bekannt und für die Aufgabe geradezu prädestiniert war. Ausgestattet mit hundert über den ganzen Körper verteilten Wahrnehmungsorganen, die er gleichsam schichtweise arbeiten und ausruhen ließ, konnte er also mit einem Großteil dieser Organe präsent sein. Und Vorsicht war durchaus geboten, denn Zeus mochte sich mit dem Verlust seiner geliebten Io nicht abfinden und beauftragte daher Hermes, sie aus den Klauen des Aufpassers zu befreien. Also ergriff Hermes Zauberstab, Panflöte und Flügelschuhe und machte sich auf den Weg, um seinen Auftrag auszuführen. Tatsächlich gelang es ihm, sich durch sein Flötenspiel bei dem Wachmann einzuschmeicheln. Mit langatmigen Erzählungen und beruhigenden Weisen machte er den Arglosen müde, die Zauberrute tat ein Übriges, und schon schlummerte der Aufpasser. Nun zückte Hermes sein Sichelschwert, trennte dem Schlafenden das Haupt vom Rumpf, und Io war wieder frei. Zwar hatte der unglückliche Wächter trotz seiner hundert in alle Himmelsrichtungen blickenden Augen kläglich versagt, doch scheint Hera ihm seine Unzuverlässigkeit nicht nachgetragen zu haben, denn sie verwandelte ihn in einen Pfau. Auch im Bereich der deutschen Sprache ist der von Hermes Übertölpelte letztlich unverdient zum Synonym für einen umsichtigen und misstrauischen Wächter geworden, der alles kontrollieren will.

Denn wenn wir jemanden argwöhnisch beobachten, betrachten wir ihn wie jener von Hera beauftragte Allesseher mit Argusaugen.

50.
Immer unter Druck

Denis war Gelehrter – und zwar durch und durch. Und als solcher interessierte sich der französische Arzt und Physiker natürlich auch für die Ideen anderer. Vor allem hatte es ihm die provokante These von der Existenz eines Vakuums angetan, die der Magdeburger Physiker Otto von Guericke gerade aufgestellt hatte. Dieser räumte mit dem für unverrückbar gehaltenen Dogma auf, dass es keinen luftleeren Raum gebe, indem er die erste Luftpumpe konstruierte. Von dieser und anderen Erfindungen erfuhr Denis durch ein kleines Buch aus England, dessen Verfasser, ein gewisser Marquis of Worcester, später als Geheimagent enttarnt wurde. Das hielt Denis aber nicht davon ab, die in dem Büchlein skizzierten Ideen weiterzudenken. Neben Guerickes Erfindung waren dort auch einige geniale Konstruktionen des im Irrenhaus eingesperrten Ingenieurs Salomon de Caus beschrieben, der unter anderem eine Dampffontäne erfunden hatte. Denis sprühte daraufhin nur so vor Ideen, was man alles mit Dampfdruck bewerkstelligen könnte. Aber auch er wurde als verrückter Spinner abgetan. Die meisten seiner genialen Erfindungen wurden zwar später genutzt, aber das erlebte er selbst nicht mehr. Zu seiner Zeit war die Menschheit wohl noch nicht reif für die Neuerungen der Technik: Weder der Zentrifugalpumpe noch der ersten funktionstüchtigen Dampfmaschine, für die Denis vielfältige Anwendungsmöglichkeiten zu Lande und zu Wasser ausgetüftelt hatte, war kommerzieller Erfolg beschieden. Und weil es Denis an Geld und Geschäftssinn mangelte, wurde am Ende auch das einzige von ihm erfundene Gerät, das sogleich weltweite Beachtung fand, von anderen vermarktet, so dass er 1712 verarmt und verbittert in den Londoner Slums zugrunde ging. Kaum zu glauben, dass die so erfolgreich vermarktete Erfindung des nach England emigrierten Franzosen Denis Papin schon im Jahr 1680 gemacht wurde! Sie funktioniert auf der Basis von Luftdruck, kombiniert mit dem höchst neuzeitlich anmutenden Prinzip des Sicherheitsventils, und kommt noch heute in vielen Haushalten überall auf der Welt zum Einsatz.

Bei dem höchst effektiven und Energie sparenden Gerät mit der Fähigkeit zum schnellen Garen von Speisen mit Hilfe von Druck handelt es sich um nichts anderes als den ersten Dampfkochtopf.

51.
Dumme oder schlaue Ausrede

Junge Mädchen können manchmal ganz schön gerissen sein. Vor allem, wenn es darum geht, sich ein wenig Freiraum zu verschaffen, ohne gleich dem Allerliebsten auf die Nase zu binden, dass er noch den einen oder anderen Konkurrenten hat. Und schwatzhaft, wie sie nun mal sind oder wie sie zumindest in früheren Zeiten, in denen sich diese Geschichte zugetragen hat, gewesen sein sollen, erzählen sie sich gegenseitig nur zu gern die kleinen Schummeleien, mit denen sie die Verehrer ausgetrickst haben. Dabei gibt es dann Gekicher und eine große Geheimniskrämerei, denn die Sache darf nicht verraten werden, was natürlich postwendend doch passiert: Die Lilly erzählt es der Lulu, und die kann auch der Marie und der Jacqueline gegenüber nicht den Mund halten. Ob sich die fragliche Geschichte im hugenottischen Berlin des 18. Jahrhunderts zugetragen hat oder irgendwo im deutsch-französischen Grenzland, ist nach all dem Klatsch nicht mehr genau zu bestimmen. Auf jeden Fall gab es einmal eine recht gebildete junge

Dame – nennen wir sie einfach Madeleine –, die ihren Freundinnen eines Tages gestand, dass sie sich nicht nur mit ihrem Verlobten traf, sondern hin und wieder auch Rendezvous mit anderen jungen Männern hatte. Heimlich natürlich. Ob der Verlobte denn nie etwas davon mitbekäme, wollten die Freundinnen wissen. Doch, erwiderte Madeleine, sie sei ihm schon zweimal auf dem Heimweg begegnet. O Schreck, was habe sie ihm denn gesagt, wo sie herkomme? Ganz einfach: Sie habe ihre Tante besucht, erklärte Madeleine. Die Freundinnen fanden, das sei eine wunderbare Ausrede, und es wurde zu einem geflügelten Wort, das allem Anschein nach von den damaligen jungen Damen ziemlich häufig benutzt wurde. Die jungen Männer machten daraus jedenfalls bald eine – wohl eher spaßhaft gemeinte – Retourkutsche, die allerdings ein bisschen anders klang. Madeleine hatte nämlich auf Französisch gesagt: »J'ai visité ma tante« – ich habe meine Tante besucht.

Bei den möglicherweise im Französischen weniger bewanderten jungen Männern, die die Sache offenbar irgendwann durchschauten, hieß es statt »visité ma tante« schließlich: Die Mädchen machen schon wieder ihre Fisimatenten.

52.
Ein Kind der Natur

Sie trafen sich täglich im Café Griensteidl und gingen ihrer Neigung nach, »auch das Schwere leicht zu machen«. »Kaffeehausliteraten« nannte man die Schriftsteller, die sich im Wien der Jahrhundertwende regelmäßig trafen. Zu der Gruppe gehörten unter anderem Arthur Schnitzler, Hugo von Hofmannsthal und Karl Kraus. Sie lehnten den Naturalismus ab, nahmen unterschiedliche moderne Kunstströmungen wie Symbolismus und Impressionismus auf und prägten so eine neue Richtung österreichischer Literatur. Auch Siegfried Salzmann war Mitglied der Gruppe. Er hatte angefangen, Gedichte und Kurzgeschichten zu schreiben, um sich die Langeweile während seiner Arbeit in einer Versicherungsagentur zu vertreiben. Seine Arbeiten veröffentlichte er unter diversen Pseudonymen. Schon bald begann er eine journalistische Karriere, zuerst bei der *Berliner Morgenpost* und dann als Theaterkritiker für die *Wiener Allgemeine Zeitung*. Siegfried Salzmann heiratete 1902 die damals berühmte Schauspielerin Ottilie

Metz, und in den folgenden zwei Jahren wurden ihre beiden Kinder, Paul und Anna-Katharina, geboren. Die Familie lebte glücklich in Wien, bis 1938 die Nazis in Österreich die Macht übernahmen. Als Jude musste Siegfried fliehen. Mit Hilfe von Freunden gelang es ihm und seiner Frau, 1939 in der Schweiz Aufnahme zu finden. Zum Glück ging es der Familie finanziell einigermaßen gut. Denn 1920, während er mit seiner Familie den Sommerurlaub auf einem Berghof in den Wäldern oberhalb vom Attersee im Salzkammergut verbrachte, hatte Siegfried Salzmann die Idee gehabt, eine Geschichte vom Leben im Wald zu erzählen. Das Buch wurde Ende der dreißiger Jahre verfilmt und ein riesiger Kinohit – jedermann glaubte, das Ganze sei eine typisch amerikanische Story. Dabei war es der Österreicher Siegfried Salzmann, der unter dem Pseudonym Felix Salten die Vorlage für eine Figur geliefert hatte, die dann von Walt Disney unsterblich gemacht wurde.

Die Titelfigur war das nach dem italienischen »bambino« benannte entzückende Rehbaby: Bambi.

53.
Alles andere als trinkbar

Zar Alexander II. war einer der Ersten, der jenes verblüffende Gemisch am eigenen Leib zu spüren bekam. Obwohl er schon 1861 in Russland die Leibeigenschaft aufgehoben hatte, wurde er zwanzig Jahre später Opfer eines Anschlags radikaler sozialreformerischer Kreise. Der Attentäter benutzte zu diesem Zweck ein speziell präpariertes Objekt aus dem Alltagsleben, das von da an immer wieder von sich reden machen sollte. Sowohl im Ersten Weltkrieg wie auch im Spanischen Bürgerkrieg wurden solche improvisierten Gerätschaften eingesetzt. Die vergleichsweise einfache Herstellungsweise sowie die breite Verfügbarkeit der Ummantelung machten dieses Wurfgeschoss zum idealen Instrument für Untergrundaktivisten. Eine genau bemessene Flüssigkeitsmischung dient als »Treibstoff«, brennbare textile Haushaltsabfälle werden als Auslöser genutzt. Doch erst als sie schon über sechzig Jahre in verschiedenen Varianten existiert, bekommt diese seltsame Munition den Namen, unter dem sie auch heute noch berühmt-berüchtigt ist. Als der sowjetische Außenminister im Juni 1941 beim Einmarsch der Deutschen in die Sowjetunion zum Widerstand aufrief, blieb der Not leidenden Zivilbevölkerung gar nichts anderes übrig, als die Invasoren mit einfachsten Mitteln zu bekämpfen. Sie füllten Wodkaflaschen mit einem Kalium-Chlorat-Zuckergemisch und einem Zusatz von Schwefelsäure oder – noch simpler – mit einem Gemisch aus Benzin und Schmieröl. Anschließend verstopften sie den Flaschenhals mit Stofflappen, zündeten das Ganze an und schleuderten es in Richtung Feind. Seither ist das auch in Deutschland bei diversen Ausschreitungen gegen Polizei und Ordnungshüter immer wieder von Radikalen und Randalierern eingesetzte explosive Wurfgeschoss weltweit zu einem Begriff geworden.

Zu Ehren des damaligen sowjetischen Außenministers Wjatscheslaw Michailowitsch Molotow, der dem Explosivgeschoss sozusagen die Zulassung verlieh, heißt es seither dem Molotow-Cocktail.

54.
Ziemlich viel Gekritzel

Im Mittelalter wurde der Teufel in den Predigten für das einfache Volk meist als allgegenwärtiges Ungeheuer dargestellt. Schrecklich schaurige Beispiele von der gefährlichen Präsenz des Bösen sollten den armen Sündern klar machen, dass ihr Fehlverhalten bis zum Tag des Jüngsten Gerichts in Erinnerung bleiben würde. Dass ausgerechnet der Teufel als Schriftführer auftrat, war befremdlich, doch im Prinzip logisch, denn als Anstifter sündigen Frevels hatte er den besten Überblick über die Missetaten. Einen der ältesten Belege für diese teuflische Buchführung stellt eine Sammlung von Predigten aus dem 13. Jahrhundert dar. In diesen *Sermones vulgares* beschreibt ein Priester einen Teufel, der während eines Gottesdienstes mit Zähnen und Klauen an seinen Aufzeichnungen herumwerkelt und dabei heftig auf das verbotene, doch nimmer endende Kirchenschwatzen schimpft. Die Gemeinde, darob ebenso erschrocken wie der Priester, zeigt wortreich Reue, und der Teufel streicht daraufhin höchst widerwillig seine Aufzeichnungen. Ähnliche Vorgänge finden sich auch auf bildlichen Darstellungen der Kirchenkunst in der Zeit um 1500. Offenbar war das weibliche Geschlecht besonders klatschsüchtig, denn auf einem Wandfresko auf der Insel Reichenau sind neben den Köpfen zweier Frauen, die in einer Kirche knien, eine Menge gotischer Schriftzeichen zu sehen. Sie sollen wohl eine Art Blabla-Gerede darstellen. Und wieder sind es Teufel, die sich darüber Notizen machen. Allerdings auf merkwürdigen Materialien, die in historischen Aufzeichnungen meist als »alte Pergamente« bezeichnet werden. Woraus diese mittelalterlichen Sündenregister genau gemacht waren, wird jedoch erst in einem noch heute gebräuchlichen Sprichwort deutlich. Die Teufel notierten die Missetaten nämlich auf enthaarten, getrockneten und geglätteten Tierfellen von Schafen, Eseln oder Rindern. Und wenn es der begangenen Frevel oder Quasseleien zu viel wurde, reichten nicht einmal die größten Felle aus, sie alle aufzuzeichnen.

Wenn etwas so ausufert, dass es buchstäblich nicht zu »beschreiben« ist, heißt es daher noch heute: Das geht auf keine Kuhhaut!

55.
Der Lack ist ab

Mit 95 Jahren war Manfred eine lebende Legende. Schon mehr als sechzig Jahre zuvor hatte er Kultstatus erlangt, und zwar in einem Metier, das damals wie heute den Stoff für Träume liefert. Er war ein Unikum – angriffslustig, verrückt und durch und durch nonkonformistisch. Dabei stammte er aus einer alten preußischen Offiziersfamilie und hätte wohl auch eine militärische Laufbahn eingeschlagen, wäre er nicht beim Motorradfahren verunglückt und in der Folge gezwungen gewesen, aus dem Wehrdienst auszuscheiden. Die Lust an der Geschwindigkeit kultivierte er nun aber erst recht. Bald wurde er zum bewunderten Idol der Vorkriegszeit, pflegte vertrauten Umgang mit den Größten seiner Zeit – mit berühmten Boxern, Fliegern, Schauspielern. Auch mit Hitler, aber nur aus beruflichen Gründen. Der Beginn des Krieges hatte das Ende seiner Karriere bedeutet. Nach Kriegsende ging Manfred nach Südamerika, weil er es nicht ertrug, dass in Westdeutschland Kriegsverbrecher erneut zu Amt und Würden kamen. In Argentinien fühlte er sich jedoch »wie in einer SS-Kaserne«, und so kam er zurück in die Bundesrepublik. In der Hoffnung, seinem Lieblingssport wieder zu Ansehen verhelfen zu können, siedelte er 1955 in die DDR über, um dort den »olympischen Gedanken« zu fördern. Da seine Sportart im sozialistischen Deutschland als dekadent galt, geriet er allerdings bald aufs Abstellgleis, blieb aber bewusst »im Osten«. Hochbetagt ließ er sich nach der Wende noch einmal zu Auftritten für seinen früheren süddeutschen Automobilkonzern verleiten. Schließlich war Manfred jener berühmte Rennfahrer, für den 1934 in einer der Boxen am Nürburgring ein ungewöhnlich schöner weißer Prototyp bereitgestanden hatte. Der Wagen überschritt allerdings das zulässige Gewicht von 750 Kilo, ohne dass eine Schraube, ein Bolzen oder eine Feder überflüssig gewesen wäre. Entbehrlich war einzig die mehrere Kilo schwere Lackierung, und die ließ Manfred kurz entschlossen über Nacht abkratzen. Nur noch blankes silbriges genietetes Blech war zu sehen, als er – Manfred von Brauchitsch – am nächsten Tag durch die Eifel raste, das Rennen gewann und damit unsterblichen Ruhm erlangte.

Von da an waren sie nicht mehr aufzuhalten – die nunmehr stets metallisch glänzenden Rennwagen, die als die legendären Mercedes-Silberpfeile in die Geschichte eingingen.

56.
Der Küchenimperativ

Idealerweise hatte eine Frau im 19. Jahrhundert eine dreifache Bestimmung zu erfüllen: Sie sollte liebevolle Gattin, perfekte Hausfrau und umsorgende Mutter sein. Schon früh wurden Mädchen in den bürgerlichen Familien auf ihre späteren Aufgaben vorbereitet. Das galt auch für Henriette. Sie wurde 1801 geboren und war das zehnte Kind im Pfarrhaus in Wengern an der Ruhr. Von frühester Kindheit an wurde Henriette sorgfältig auf ihren »von der Natur bestimmten weiblichen Beruf« vorbereitet. Ihre Ausbildung folgte einem strikt vorgegebenen Plan: Zuerst Besuch einer privaten Töchterschule mit anschließender Fortbildung an einer höheren Schule und schließlich Ausbildung zur Erzieherin. Ihre erlernten Fähigkeiten setzte Henriette in mehreren Haushalten praktisch um. Als sie nach dem Tod des Vaters in das elterliche Haus zurückkehrte, um der Mutter in der Pfarrei beizustehen, entsprach dies durchaus den gesellschaftlichen Gepflogenheiten. Bald würde ein netter junger Mann um Henriettes

Hand anhalten, die beiden würden heiraten, Kinder bekommen und ihren eigenen Hausstand gründen. Das Leben sah jedoch einen anderen Plan für die Pastorentochter vor. Zwar wurde um ihre Hand angehalten, und sie war sogar zweimal verlobt, doch beide Male starb der Bräutigam kurz vor der Hochzeit. Aus Furcht, der Tod könnte ihr auch beim dritten Versuch den zukünftigen Gatten entreißen, entschloss sie sich, unverheiratet zu bleiben. Damit die Ausbildung, die sie im Hinblick auf ihren »weiblichen Beruf« genossen hatte, nicht ganz umsonst gewesen war, übernahm Henriette 1841 die Leitung einer Mädchenarbeitsschule in Sprockhövel. Außer einer fundierten theoretischen und praktischen Ausbildung gab sie ihren Schülerinnen als bleibendes Erinnerungsstück ein von ihr selbst verfasstes praktisches Handbuch für den häuslichen Alltag mit auf den Lebensweg. Das Buch wurde ein zeitlos aktueller Bestseller.

Fast jeder kennt den im Praktischen Kochbuch für die gewöhnliche und feinere Küche von Henriette Davidis gewählten Küchenimperativ: »Man nehme«.

57.
Brot und Soldatenspiele

Es ist sicher keine leichte Aufgabe, die logistischen Vorbereitungen für das Trainingslager einer erfolgreichen Fußballmannschaft zu treffen. Doch zufrieden muss die Mannschaft sein, sonst lassen Leistung und Kampfeswille schnell zu wünschen übrig. Genauso war das früher beim Militär. Stimmte die logistische Konzeption eines Heerlagers oder einer Kaserne nicht, dann waren alle strategischen Planspiele und selbst der strengste militärische Drill vergeblich. Wenn Unterbringung und Verpflegung nicht klappten, war die Moral der Truppe beim Teufel. Kein Wunder also, dass das Amt des Verantwortlichen für die Heeresvorräte ein höchst wichtiger Posten war. An geregelte Mahlzeiten war während der Kriegstätigkeiten auf Feldzügen allerdings nicht zu denken. Vielmehr galt es, anspruchslose, sättigende und möglichst haltbare Produkte in ausreichender Menge zu beschaffen. Dazu gehörte – wie noch heute – in erster Linie alles, was nach Brot aussah. In den jeweiligen Kriegsgegenden wurde bei den Bäckern requiriert, was immer zu haben war – ob leichtes Weißbrot, derbes Roggenbrot oder sonstige regionale oder nationale Varianten: Hauptsache, es war nahrhaft, schnell herzustellen und in größerem Umfang verfügbar! In der napoleonischen Ära bürgerte sich daher ein Terminus ein, dessen Ursprung nicht ganz geklärt ist und von dem man auch nicht weiß, ob er eher lobend oder verächtlich gemeint war. Auf jeden Fall blieb er in unserem Sprachgebrauch erhalten. Noch heute verwendet so mancher Wehrpflichtige diesen Begriff mit einer Mischung aus mürrischem Widerwillen und Herablassung, ohne zu wissen, dass es sich dabei um die im Jiddischen gebräuchliche Bezeichnung für »Brotfladen« handelt. Gemeint ist damit allerdings nicht die nach wie vor eher karge Soldatenkost, sondern ganz allgemein der Militärdienst, den er leisten muss.

Denn abgeleitet von jenem Fladenbrot – jiddisch »baras« – heißt es umgangssprachlich bis heute, wenn einer zum Wehrdienst einberufen wird: Er muss zum Barras.

58.
Kampf um die Gunst der Leser

Zwischen den Herausgebern der beiden großen französischen Sportzeitungen, Pierre Griffard und Henri Desgrange, tobte im Jahr 1903 ein Pressekrieg. Um den Verkauf seines Blattes zu erhöhen, hatte Griffard ein Eintagerennen von Paris nach Bordeaux organisiert. Tatsächlich verdoppelte die Berichterstattung über die Veranstaltung die Auflage seiner Zeitung *Le Vélo* schlagartig. Als auch noch gerichtlich entschieden wurde, dass Desgrange den gleich lautenden Namen seiner Zeitung ändern musste, schwor er dem Rivalen Rache. Am 20. Mai 1903 stand der Plan fest. In einem Leitartikel rief Desgrange zur Teilnahme an einem Ereignis auf, das für alle Beteiligten lukrativ zu werden versprach: Nach einem mehrere Wochen dauernden Wettkampf warteten auf den Sieger 3000 Franc. Dennoch meldeten sich nur 27 Sportler – ein armseliges Häufchen, dessen Siege und Niederlagen kaum einen Franzosen interessieren würden. Die publizistische Konkurrenz erging sich jedenfalls sogleich in spöttischen Kommentaren über den absehbaren Flop. Doch Desgrange gab nicht auf. In einem flammenden Aufruf versprach er den Teilnehmern auch noch kostenlose Betreuung während der gesamten Wettfahrt. Tatsächlich konnte Desgrange am 1. Juli 1903 in seiner Zeitung *L'Auto* verkünden, dass am gleichen Tag morgens um drei Uhr in Villeneuve St. Georges bei Paris 60 Teilnehmer gestartet seien. Anfangs schüttelten die Franzosen den Kopf über diesen sonderbaren Wettkampf, zumal keiner das System begriff, bei dem ein Sportler zwar mehrmals Teilsieger sein konnte, gleichzeitig aber nicht unbedingt auch Gesamtsieger wurde. Vom 1. bis zum 19. Juli berichtete Desgrange täglich in seiner Gazette über das Rennen: über das tägliche kräftezehrende, achtzehn und mehr Stunden dauernde Pensum, über Teilnehmer, die sich verfahren hatten, über besonders gewitzte Burschen, die unterwegs regelwidrig die Eisenbahn benutzt hatten, über Sabotage und auch damals schon über – Doping. Das Ganze wurde eine einzige Erfolgsstory, dabei hatte der Verleger Henri Desgrange eigentlich nur die Auflage seiner Sportzeitung *L'Auto*, der heutigen *Équipe*, erhöhen wollen.

Am Ende wurde aus seinem Rennen das nach Olympiade und Fußball-WM drittgrößte Sportspektakel der Welt: die Tour de France.

Inhalt

1.	Jeder hat eine Schwachstelle	5
2.	Der Herr der Wörter	7
3.	Mondsüchtig	9
4.	Eine Leiche für falsche Federn	11
5.	Ein wahrer Synergieeffekt	13
6.	Wanderer zwischen den Welten	15
7.	Vaterlos	17
8.	Die Heilkraft der Pyramiden	19
9.	Uralter Schwede	21
10.	Die Sterne des Kellermeisters	23
11.	Scheinheiligkeit	25
12.	Um Kopf und Kragen	27
13.	Ein geprellter Geldmacher	29
14.	Aus der Ursuppe des Kosmos	31
15.	Ein schlauer Schmuggel	33
16.	Leckerei aus Italien	35
17.	Mit eisernem Willen	37
18.	Kaltgestellt	39
19.	Wiederholungstäter	41
20.	Ein guter Tausch	43

21.	Déjà-vu im Weißen Haus	45
22.	Ein kleiner Samenkern	47
23.	Schicksalhafte Begegnung	49
24.	Time is money	51
25.	Zum Schießen nicht geeignet	53
26.	Dunkle Vorahnung	55
27.	Transatlantische Wegzehrung	57
28.	Die ausschlaggebende Kleinigkeit	59
29.	Wovon Faultiere träumen	61
30.	Im Dienst Ihrer Majestät	63
31.	Doch keine unfreundliche Bezeichnung	65
32.	Über Stock und Stein	67
33.	Tote ausgraben	69
34.	Klingender Chronograph	71
35.	Die gründlichen Deutschen	73
36.	Der Schattenmann	75
37.	Ein echter Künstlername	77
38.	Die Hosenrolle	79
39.	Unrecht Gut gedeihet doch	81
40.	Accessoire vom Balkan	83
41.	Heldensagen	85
42.	Geradezu lächerlich	87
43.	Kein ominöser Hilferuf	89
44.	Der Spion, der in die Küche kommt	91
45.	Sinn im Unsinn	93
46.	Mit Absicht versenkt	95
47.	Am Anfang war der Bambus	97

48.	Sonnenlichtnahrung	99
49.	Heimliche Überwachung	101
50.	Immer unter Druck	103
51.	Dumme oder schlaue Ausrede	105
52.	Ein Kind der Natur	107
53.	Alles andere als trinkbar	109
54.	Ziemlich viel Gekritzel	111
55.	Der Lack ist ab	113
56.	Der Küchenimperativ	115
57.	Brot und Soldatenspiele	117
58.	Kampf um die Gunst der Leser	119

Ben Schott

SCHOTTS SAMMELSURIUM

»Dieses Buch braucht jeder. Es ist ein Schweizermesser in Buchform. Wer es einmal besitzt, möchte es nie wieder missen …«   Elmar Krekeler, *Die Welt*

Ben Schotts sensationeller Welterfolg ist ein Fischzug in den Gründen unbeachteter Kleinigkeiten, eine Fundgrube kurioser Statistiken und Definitionen, eine einmalige Sammlung an trivialem und seriösem Wissen. Von Schnürsenkellängen bis zu meldepflichtigen Krankheiten, von den Sieben Todsünden bis zu merkwürdigen Todesarten burmesischer Könige – *Schotts Sammelsurium* ist einzigartig, unterhaltsam, überraschend und absolut unverzichtbar. Ein Buch wie kein anderes.

»Ein wunderbares Buch. Wer darin nichts findet, dem ist wirklich nicht zu helfen. Der Kerl muss verrückt sein, aber er ist wunderbar.«
        Elke Heidenreich in *Lesen!*

BLOOMSBURY BERLIN

Ben Schott

SCHOTTS SAMMELSURIUM
ESSEN & TRINKEN

Der lang ersehnte Nachschlag für alle Schott-Süchtigen!

Nach dem sensationellen Erfolg von *Schotts Sammelsurium* ist dies der zweite Geniestreich des unbestrittenen Meisters der Listen, Fakten und kuriosen Kleinigkeiten. In *Schotts Sammelsurium – Essen & Trinken* lädt Ben Schott zu einem kulinarischen Streifzug der besonderen Art: Von Kannibalismus im Film bis zum Schutzheiligen der Barkeeper, von australischen Bierglasgrößen bis zu den Lieblingsgerichten Mahatma Gandhis. *Schotts Sammelsurium – Essen & Trinken* ist eine einzigartige Sammlung köstlicher Kuriositäten und kurioser Köstlichkeiten, die in keiner wohlsortierten Küche fehlen darf. Lecker, lehrreich und wie immer unverzichtbar.

»Absolut unwiderstehlich.« *Independent*

»Wunderbar wahllos, zauberhaft zweckfrei und unendlich unterhaltsam.« *New York Times*

BLOOMSBURY BERLIN